倾国倾城

穿越时光,再见张爱玲

陶方宣 \ 著

重庆出版集团
重庆出版社

图书在版编目(CIP)数据

倾国倾城——穿越时光,再见张爱玲/陶方宣著.
—重庆:重庆出版社,2017.12
ISBN 978-7-229-12429-8

Ⅰ.①倾… Ⅱ.①陶… Ⅲ.①张爱玲(1920-1995)—传记 Ⅳ.①K825.6

中国版本图书馆CIP数据核字(2017)第160361号

倾国倾城——穿越时光,再见张爱玲
QINGGUO QINGCHENG
——CHUANYUE SHIGUANG,ZAIJIAN ZHANG'AILING
陶方宣 著

责任编辑:陶志宏 张 蕊
责任校对:朱彦谚
装帧设计:陈 永 刘 颖

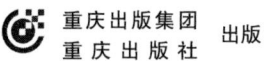

重庆出版集团 出版
重庆出版社

重庆市南岸区南滨路162号1幢 邮政编码:400061 http://www.cqph.com
重庆出版集团艺术设计有限公司制版
重庆市国丰印务有限责任公司印刷
重庆出版集团图书发行有限公司发行
E-MAIL:fxchu@cqph.com 邮购电话:023-61520546

全国新华书店经销

开本:880mm×1230mm 1/32 印张:7.125 字数:220千
2017年12月第1版 2017年12月第1版第1次印刷
ISBN 978-7-229-12429-8
定价:35.00元

如有印装质量问题,请向本集团图书发行有限公司调换:023-61520678

版权所有 侵权必究

目 / 录

秋风一夕海上花（序一） 1

张爱玲的衣橱（序二） 1

盛世霓裳

第一章 我爱旗袍 2

第二章 笔底缤纷 35

第三章 霓裳之魅 71

第四章 男子衣装 96

莫负红颜

第五章 民国女子 112

第六章 临水照花 141

第七章 一生一世 162

秋/风/一/夕/海/上/花

(序一)

唐炳良

1995年中秋节那一天，秋风瑟瑟，许多报纸上出现大幅标题：张爱玲孤独走完人生路——令人大吃一惊，对一代才女张爱玲的关注似乎由此开始，由文学界扩散到民间，"张爱玲热"油然而生。

中秋，中国人的传统节日，万家灯火里亲人相聚——其乐融融的一幕，不属于张爱玲，西半球的美国也没有中秋节。不知这一天洛杉矶上空有没有月亮。张爱玲是一位擅长描写月亮的作家，在她的小说中，范柳原半夜打电话以月谈情，白流苏不甘心不明不白的身份，欲与之分手，她拒绝了窗外的月亮。七巧的月亮是疯狂的象征物，它照耀的是一个丈夫不像丈夫、婆婆不像婆婆的疯狂世界，月光般朦胧的情欲化成一个噩梦。芝寿的月亮是恶魔的小天使，虽然"今晚上的月亮比哪一天都好"，然而反常的明月之下，是芝寿绝望的心境……或许，正由于张爱玲笔下的月亮也是世间芸芸众生头顶的那轮月亮，所以在畸形、扭曲的情感世界里，张爱玲一息尚存，仍与读者呼吸相通。

海峡那边的"张爱玲热"远早于大陆，"热"的程度也更高，这是环境、时序造成的差异。海峡那边的"超级张迷"可以在张爱玲活着的时候，不远万里跑到洛杉矶去，在她寓所附近的垃圾箱中"淘宝"，搜寻她的片言只语。这在我们看来有点不可思议，但"热"就是"热"，"热"起来的事物会有点灼人，有点疯狂，世上永远有"热"，"热"了才有大众的快乐与满足。

这不禁使我想起一部影片，美国故事片《女王》。戴安娜成为英国的王妃后，伊丽莎白不喜欢她，喜欢她的是英国民众。戴安娜车祸去世后，布莱尔出于国家利益，多次建议女王为戴安娜举行隆重的葬礼，女王断然拒绝。在王室车队返回白金汉宫的途中，女王看到民众排起长队为戴安娜的遗像献花，一个小女孩拿着一枝花走到她面前，女王问："是要我帮你放花吗？"小女孩说："不，这花是献给你的。"一瞬间，女王脆弱得像个女孩，眼泪也掉下来了。

时尚是愚蠢的吗？潮流是盲目的吗？不，时尚和潮流，就是大众智慧的体现。这智慧的背后，是大众自身命运的改变，是试图在更大的空间里，在物质和精神的层面重新定位——张爱玲作为偶像，满足了他们对个性的追求、对心灵的期盼甚至对人生的假设。他们自己可能受困于现实种种，在许多方面不能放任。但是，张爱玲的特立与独行恰恰满足了他们，给他们带来冲击，让他们感到满足与安慰，因为这世上还存在过如此才华、如此另类的奇女子。今天我们知道，张爱玲是个天才，她是前清重臣李鸿章的曾外孙女，著名清流派大臣张佩纶的孙女。大作家身后有大风景，张爱玲除了贵族血统、显赫门第之外，更有她自身的一部"传奇"。

"我将来想要一间中国风的房，雪白的粉墙，金漆桌椅，大红椅垫，桌上放着豆绿糯米瓷的茶碗，堆得高高的一盆糕团，每一只上面点着个胭脂红。"

——《我看苏青》

到底是"民国女子"，她飘零天涯的一生中，必也有"民国女子"的本色在。

本书作者陶方宣，也和广大读者一样喜欢张爱玲。所不同的是，他将他多年的寻访和搜集记录下来，辑成这本书。我和作者是多年的老友，也极欣赏他的文笔，读他写张爱玲的文字，可以获得双份美感——一份是陶方宣优美的文笔，洁净得如水中月。一份是张爱玲传奇的一生，苍凉得像海上花。

（唐炳良，男，江苏作家，《雨花》杂志副总编，著有多部散文小说集。）

张/爱/玲/的/衣/橱
（序二）

李子玉

　　上海作家陶方宣写了两部张爱玲的书，他请我写一篇序文，初时我感到有点为难。自己并非什么服装专家，只是一个酷爱穿漂亮衣裳的寻常女人，怎样有资格写？其实，哪个女人不爱美？陶方宣说："最近你已经出了一本专写穿衣服的书《云想衣裳》，难道还不可以为我写篇序文？"恭敬不如从命，只好答应。

　　说实在的，我原来就是个张迷，如今有机会一睹张爱玲的"私人衣橱"，实在有点儿兴奋。更兴奋的是这部书的作者竟然是个男子，由他细腻的观察力和感性的笔触，把张爱玲本人和她小说中人物的衣装，娓娓道来，巨细无遗，让人看得目瞪口呆，恨不得跟着跳到张爱玲的霓裳世界里，永远不要出来。

　　张爱玲说过："在政治混乱期间，人们没有能力改良他们的生活情形。他们只能够创造他们贴身的环境——那就是衣服。"衣服成了她住在里面的一间屋子,在屋子里可以为所欲为,不理会外面世界闲杂人等的奇异目光。她可以特立独行,衣不惊人誓不休。读她的小说,揣摩她的为人,她应该是个颇为传统保守的女人,为什么表现在衣着方面,却是如此放浪形骸、遗世独立的铁铮铮奇女子形象呢?张爱玲外表冷酷,内里热情,尤其对于心爱的人与物,更是依恋万分。她曾经说过这样的话:"再没有心肝的女人,对穿过的衣裳,也有一份发自内心的依恋。"引述本书作者陶方宣的话说:"'依'字应该将人字旁去掉,改成'衣','依恋'在张爱玲眼里就是'衣恋'。"她可以为一件以前新做的葱绿织锦而可惜,因为一次也没有穿上身,就无法穿得下了,自己长得实在太快。多年之后,想到那件衣服仍然感到伤心,引为终身憾事。衣服之于张爱玲,是知己良伴,岂可轻易相忘?

　　由张爱玲的穿衣哲学禁不住想到我自己,不也是跟衣裳结下一辈子恩怨情仇?我也曾说过以下一段话:"我对于衣服的依恋却是相对无情,在我十年忧伤岁月里,愁悒的情绪令自己无法掌握住生存下去的意志,总害怕有一天拒绝不了死神的召唤,突然撒手而去,留下一衣橱的'孤儿',为家人带来麻烦。所以每次病发,都先行把它们'处决'了。然而,我对衣服无情的说法又不尽然,病好了,又满怀兴致地去采购衣服。没多久衣橱又住满了新'住客',款式和颜色与先前丢掉的并无多大差别,证明我还是个重旧情的人。"毕竟我并非张爱玲,可以像她那样敢作敢为。她懂得自己设计衣服,把复古的清装穿在身上,仍然可以表现出一派得意扬扬的神态,在大街窄巷中穿梭往来,不惧怕旁人的奇异眼光。相对来说,我是保守的,只穿适合自己身份、年龄,看起来漂亮,穿上身舒适,不一定很华丽,却要配合自己气质风度的衣服。因为我最怕受人注目,宁可低调一些,让别人和自己慢慢体味我的衣服特质就好了。

我是个地地道道的张迷,和她一样,我也喜欢一切深艳明丽的色彩,如紫红、青黑、桃红、嫩绿、宝蓝、深红、赭黄、孔雀蓝等。在我不同的人生阶段里,随着心境的转换,我把这色彩缤纷的衣裳交替地爱着、穿着,以此过着平常的日子。读着陶方宣的这部书稿,我就想到张爱玲的一袭袭华丽衣裳,她翩翩的青春的身影,容貌堪与花媲美!她创造了衣裳传奇世界,足可以谱成一首霓裳羽衣曲,叫人回味无穷。

(李子玉,女,又名李玉莹,香港著名散文家,著名华裔学者李欧梵教授的夫人。1970年代毕业于香港浸会大学中文系,随后赴美取得社会学学位。2002年开始写作,主要作品有《云想衣裳》《忧郁病就是这样》。与丈夫李欧梵合著有《过平常生活》《一起看海的日子》和《恋恋浮城》。)

盛／世／霓／裳

QINGGUO QINGCHENG
CHUANYUE SHIGUANG ,ZAIJIAN ZHANG'AILING

第一章

我 / 爱 / 旗 / 袍

"现在要紧的是人,旗袍的作用不外乎烘云托月忠实地将人体轮廓曲曲勾出。革命前的装束却反之,人属次要,单只注重诗意的线条,于是女人的体格公式化,不脱衣服,不知道她与她有什么不同。"

——张爱玲

丝质碎花旗袍：色泽淡雅

柯灵回忆张爱玲的片段最让人喜欢，那时他主编《万象》杂志，刚刚从事写作的张爱玲有一天来看他，腋下夹着一个报纸包，说有一篇稿子请他看看。她穿着丝质碎花旗袍，色泽淡雅，也就是当时上海小姐普通装束，那篇小说就是随后发表在《万象》上的《心经》，还附有她手绘的插图。那时候张爱玲还没有大红大紫，当她腋下夹着小说手稿走上《万象》杂志社木楼梯时，一如张恨水笔下那些穿蓝布罩衫的女学生，朴素而清纯，低眉又低调，甚至还有点落寞。

当时的上海小姐服装以旗袍为主，女学生都像张爱玲那样着一身很普通的碎花旗袍，就是柯灵说的"上海小姐的普通装束"。也可能是初次出道，也可能是籍籍无名，张爱玲一向是高调张扬的人，像这样低眉又低调的做派在她来说是少之又少。在服装上她一向是"语不惊人死不休"，因为她知道自己长得不漂亮。一个不漂亮的女人，如果再弄一身僵硬呆板的衣服套在身上，不如让她去死。她本来就是个出格的女人，无论做人还是穿衣，让她规规矩矩地待在方方正正的格子里，她肯定待不住，她肯定要出格。张爱玲自己记载过她用老祖母留下的一床夹被做衣服，那时她设计了很多服装，女友炎樱和她一样会画画，有很高的鉴赏力，往往两人设计好就找裁缝做，可画来画去，似乎仍不能满足自己在服装上求奇求异之心，眼睛就落在老祖母一床霉味扑鼻的夹被上：米色薄绸上洒满淡墨点，隐着暗紫的凤凰，很有诗情画意——洗净晒干后，她拿去照炎樱设计做了一件连衣裙，紫凤凰图案集中在裙的下摆和两只宽大衣袖上，极为别致。张爱玲兴奋异常，穿了它参加1943年的游园会，还与日本影星李香兰（山口淑子）合影留念，至今照片还收在《对照记》里：张爱玲侧首低眉坐在一只白布椅上，李香兰不动声色站在她的身后，显得有点委屈。让当时红极一时的明星李香兰站在身后，张爱玲是很得意的，那心情肯定"遍体森森然飘飘欲仙"，不过她脸上丝毫看不出来。

张爱玲身穿老祖母夹被的照片让人一直难忘，更难忘的是，那时她是年轻的，甚至是青春的，她的人生传奇才刚刚开始书写。她用老祖母的夹被做了件滚花宽袍，这是她绝无仅有的一张显得很漂亮的照片，撩起额发的脸显得温柔而妩媚，老祖母睡过多年的夹被完全看不出来，看见的只是米色薄绸上有点点星星在闪烁，手臂和胸前是若隐若现的暗紫色的凤凰。张爱玲很有自知之明，她说："张恨水的理想可以代表一般人的理想。他喜欢一个女人清清爽爽穿件蓝布罩衫，于罩衫下微微露出红绸旗袍，天真老实之中带点诱惑性，我没有资格进他的小说，也没有这志愿。"

喜欢穿蓝布罩衫的女孩子，这是张恨水的理想，也是大多数男子的理想。张爱玲说得对，她说张恨水的理想可以代表一般人的理想——清清爽爽一件蓝布罩衫，不太张扬，平静雅致，有一股文静之气，这样的女孩子多半是女学生。但如果太老实古板，又不讨人喜欢。于是折中一点，"于罩衫下微微露出红绸旗袍，天真老实之中带点诱惑"，给人以无尽的想象。张爱玲倒是有自

张爱玲和姑姑在一起，她身上穿的便是蓝布罩衫。

知之明，她说"我没资格进他的小说"。她是喜欢张恨水的，曾经和一个喜欢张资平的女同学为哪个张更好吵得不可开交。她不是太老实，外表孤傲内心张狂，否则不会看着母亲"在绿短袄上别上翡翠胸针，就简直等不及长大，然后说出：我八岁要梳爱司头，十岁要穿高跟鞋"。穿着打扮这一点她像母亲，她母亲爱做衣服，张廷重大为不满，说："人又不是衣裳架子"——嫌她花钱太多。可他舍得花钱买汽车，左一辆右一辆，房子越住越狭小，车子却越开越高级，最后直至潦倒，租房而居。

从我个人来说，其实不太喜欢张爱玲成名后那种让人惊艳的女明星做派，然后多少有些张牙舞爪地说什么成名要趁早呀，否则快乐也就不快乐了。她骨子里有一些张扬和狂热，当时翻译家傅雷可能看不惯张爱玲的许多做派，以迅雨的笔名写了篇文章委婉地批评张爱玲，最后两句话把张爱玲激怒了："所有的传奇在中国均没有好下场。"其实傅雷的论断是对的，张爱玲一生虽说有过轰轰烈烈的传奇，却也是"没有好下场"。

宝蓝色暗花旗袍：清刚明亮

老上海的夜空是一片晶莹的宝蓝色，宝蓝色是张爱玲的最爱。李安放大了张爱玲的爱，将它嫁接到麦太太王佳芝身上，让她在不同的场合都穿同一种"清刚明亮"（张爱玲语）的颜色——宝蓝色，仿佛裹着一片老上海的夜空。

在所有张爱玲电影中，《色，戒》是霓裳缤纷的一部。女人们围坐在一起喝茶聊天打麻将，就是一片花团锦簇。在这片五光十色中，麦太太的宝蓝色是最出挑的颜色，这是张爱玲的颜色。她是色迷，仅仅是蓝色，在她眼里其实可以分成许多种，不仅仅是孔雀蓝或水手蓝，还可以分成奇奇怪怪的蓝色：粉蓝、烟蓝、夜蓝、电蓝、宝蓝。蓝色在她笔下是梦幻的颜色，是最心仪的颜色。在某个特定的时刻，她的眼里只有蓝色，这时候蓝色甚至就是死亡的颜色："我父亲扬言要用手枪打死我。我暂时被监禁在空房里。我生在里面的这座房屋忽然变成生疏的了，像月光底下的，黑影中现出青白的粉墙，片面的，癫狂的。Beverley Nichols 有一句诗关于狂人的半明半昧：'在你的心中睡着月亮光。'我读到它就想到我们家楼板上的蓝色的月光，那静静的杀机。"在《色·戒》中她这样写王佳芝："脸上淡妆，只有两片精工雕琢的薄嘴唇涂得亮汪汪的，娇红欲滴，云鬓蓬松往上扫，后发齐肩，光着手臂，电蓝水渍纹缎齐膝旗袍，小圆角衣领只半寸高，像洋服一样。领口一只别针，与碎钻镶蓝宝石的'纽扣'耳环成套。"

张爱玲的快乐与悲伤都是蓝色的，在《华丽缘》中她这样写道："她穿着玉色长袄，绣着两丛宝蓝色兰花。小生这时候也换了浅蓝色绣花袍子。这一幕又是男女主角同穿着淡蓝，看着就像是灯光一变，幽幽的，是庵堂佛殿的空气了。"蓝色给她的感觉总是这样奇特而奇妙。如果说张爱玲是色迷，那么李安就是"色鬼"，应该是比"色鬼"更进一步——"色魔"。他的用色是鬼使神差的神来之笔，他升华了张爱玲所迷恋的宝蓝色：某一个镜头中，暗灰的天幕下，一身宝蓝色旗袍的王佳芝缓缓步出，那一身宝蓝色衬托着她娇嫩无比的容颜，翘起的月牙形嘴角微微翕动——在这里，易先生的眼光中有狼的贪婪，一向爱用眼放电的梁朝伟再现了老易秃鹫般的阴沉与贪婪。这是情欲喷薄的时刻，要说是王佳芝俘虏了老易，不如说是宝蓝色打动了他。在老易的眼

张爱玲小说《流言》封面，是她自己设计的。

老上海月份牌上穿宝蓝色花旗袍的美女。

里,宝蓝色其实就是美色,是他无法戒掉的女色。王佳芝坐在麻将桌边,一身无袖的宝蓝色旗袍,领口处是镂空的,肉色隐约,欲望潜藏。王佳芝面色沉静心动如水,她有十二分的自信老易会扑来,像飞蛾扑火。老易是狡猾的,三缺一,顶一下,他踟蹰再三,最终还是在麻将桌边坐下来。内心欲望太强大了,老易自己不听自己的话,或者说是他的身体叛逆了他的心灵。所以我们才看到王佳芝在裁缝店里穿上那件宝蓝色旗袍时,老易抽着烟低低地命令道:"穿着!"声音果断、低沉、利落,就像他在某个时刻命令部下开枪一样。

作为上海滩长大的爱国女生王佳芝,对霓裳的迷恋曾经是她生活的全部。李安对王佳芝的理解准确到位,这源自于对张爱玲的偏爱。他从整体高度把握张爱玲,再化整为零,让张爱玲的韵味弥散在他的音乐之间,光影深处。这是记忆最深的画面:王佳芝去接易太太,应该是在香港中环,她一身土黄色布条纹旗袍,相同颜色的布帽子,有点迟疑地走过寂寥的街头。围墙上有大团大团盛开的紫色的花，蓝天白云之下，鸟在鸣唱。李安的色彩，张爱玲的感觉，音乐般的美感，在这一刻便是这样的情景交融，恍惚的，战栗的，就像老易送王佳芝回家，那份斑驳，像花影一样从他们身上轻轻滑过。这一刻，暗蓝的夜空就是宝蓝色的，楼梯上的纹饰映在墙壁上，像画上去的一样。宝蓝色在这里是欲望的颜色，王佳芝最后一丝不挂地褪去了它，在与老易的肉体博弈中，女人的心灵与身体也在博弈，最终打了个平手。这让人想起《滚滚红尘》中韶华问月凤的那句话："女人的身子是不是跟着心灵走？"月凤答："女人是，男人不是。"

王佳芝正是这样的女人，身体被心灵牵引，走上一条不归之路——这是女人的爱，爱情至上的张爱玲不可能放弃这样的爱情经典。而王佳芝身着宝蓝色暗花旗袍，也必将成为李安镜头里的又一个经典。

宝蓝色烫金旗袍：赤刮刺新

李安的《色，戒》是一部经典，所谓的经典就是经得起反复看仔细看——当然，李安的经典是有前提的，前提是张爱玲的小说《色·戒》就是经典，她反反复复写了30年，可能正是看中《色·戒》的经典品质。而李安却将这一点发扬光大，忘不掉一个一闪而过的镜头：汤唯饰演的王佳芝，灰色大衣下穿着宝蓝色烫金旗袍，匆匆走过一条马路。秋风扑面而来，恰到好处地撩起汤唯的灰色大衣，应该是风衣，让观众一览无余地看到那件紧身的宝蓝色烫金旗袍。之前看张爱玲的《色·戒》原著，并没有想过有一天，真的会有这样的形象，完美地还原了小说中的细节。李安镜头里王佳芝的美不是那个穿着漂亮的旧式旗袍、坐在桌前打麻将的女人，而是那个戴着灰色宽边帽子、穿着灰色大衣、底下露出宝蓝色的旗袍裙边、大衣的纽扣全都扣紧、腰间的衣带扎紧、迈着细小步子的风姿绰约的女子。她的美是张爱玲给予她的，无与伦比，像线装书上的词牌——虞美人或蝶恋花。

张爱玲的著名照片：以四十五斜角仰望长满云朵的天空。

其实仅仅就凭这件宝蓝色烫金旗袍，这一闪而逝的镜头，我也完全可以断定李安懂得张爱玲，正如同张爱玲说的"因为懂得，所以慈悲"，李安应该是怀着一种悲悯的情怀来拍张爱玲。没有这种懂得，没有这份悲悯，他绝对拍不好张爱玲。所以说他懂得张爱玲，证明之一就是这片宝蓝色。当年，柯灵为了张爱玲话剧《倾城之恋》的上演四处奔走，张爱玲感念在心，事后送了柯灵一匹宝蓝色的绸袍料。柯灵拿来做了皮袍面子，穿在身上很显眼，让导演桑弧很眼红。桑弧用上海话说："赤刮刺新的来——"想象中的宝蓝色应该是高贵的颜色，是比夏威夷的蓝天还要深邃、生活中很少见到的那种明媚的蓝，也许就是青春少年爱喝的百事可乐上的那种颜色。张爱玲爱死了这种颜色，爱屋及乌，她要把这片吉祥的颜色赠送给所有有惠于她的人。当年有客人来访，她就穿着一身宝蓝色的旗袍，戴了嫩黄边框的眼镜，脸像月光那样柔和——房间里家具虽然摆设简单，但很整洁，一种新鲜明亮几乎是带刺激性的色彩，非常华贵，这就是宝蓝色的感觉，这种贵族品位竟然使这位见惯豪华场面的客人也为之惊诧。有一张照片，张爱玲站在爱丁顿公寓宽大

张爱玲手绘的时装女郎。

无比的阳台上,一身宝蓝色的旗袍,头微微上仰,注视着斜上方那片蓝蓝的天空——一个才女的傲气与韵致,在这里发挥到极致。

当然,除了这片宝蓝色之外,我还可以找到李安懂得张爱玲的另一证据:烫金。这是晚清一种织布印染方式,张爱玲很小的时候就有体会。那时候她最喜欢六月六晒衣裳,说那是一件辉煌而热闹的事,人在竹竿与竹竿之间慢慢走过,两边是绫罗绸缎的墙壁——应该有一道墙是织锦缎的吧?"那是埋在地底下的古代宫室里发掘出的甬道。你把额角贴在织金的花绣上。太阳在这边的时候,将金线晒得滚烫,然而现在已经冷了。"金线晒得滚烫,那就是烫金——在华贵的宝蓝色中,闪烁着丝丝缕缕的烫金,那真是一种"清刚明亮"的刺激。要说起来,其实宝蓝色应该不适合家居,是适宜于宴饮与郊游的色彩。有一次张爱玲去苏青家,旗袍外边罩件前清滚边短袄,颜色是宝蓝配果绿,把人看得两眼发直,她一向喜欢如此强烈的对照。电视剧《她从海上来》有一个场景:刘若英饰演的张爱玲刷的一声把窗帘拉开,整个光线泼洒进来。窗外是上海的天际云影,未施脂粉的张爱玲清浅淡雅,还原了她自己的面貌，在窗前的云影彩霞间，一袭宝蓝色衣裤，足以让满室放光。

张爱玲对烫金的热爱一直保留到晚年，她去世后曾有人在她的遗物中发现了一件孔雀蓝镶金线上衣。张爱玲研究者周芬伶认为，这件孔雀蓝镶金线上衣是张爱玲的最爱。如果她的论断成立的话，那么就是说，张爱玲至死也没有忘记心目中的蓝色，她的一生就是一条长长的蓝色织锦缎，从粉蓝、艳蓝开始，由宝蓝、电蓝过渡，到烟蓝、夜蓝结束。

桃红色软缎旗袍：炫目风景

1945年，在老上海华懋饭店，《新中国报》主办女作家聚谈，很多人在事后回忆那天到场的张爱玲，身穿一件"桃红色的软缎旗袍，外罩古青铜背心，缎子绣花鞋，长发披肩，眼眸一如她的人一般沉静"。

旗袍是老上海一道炫目的风景，远古时代它名为深衣，是蒙古系游牧民族女子的袍服。后来清满族承袭了此服装，是为衬衣和氅衣。衬衣不开衩，氅衣左右开衩至腋下，开衩尽头各饰有云头纹，称如意。满族旗人女子常穿，因而有了旗袍或旗装之说。时光流逝到老上海时代，不知哪个女人突发奇想将旗人之袍拿了过来，当然不能原样照穿，以老上海时代那种摩登与开放风气，旗袍在这里改良成挺胸收腰高开衩，自然是为了适应舞厅与酒吧的交际场合。它们本来也是最得富家太太小姐们的青睐，所以民国之后旗袍在上海一红惊天实在是再自然不过的事。张爱玲说："五族共和之后，全国妇女突然一致采用旗袍，倒不是为了效忠于满清，提倡复辟运动，而是因为女子蓄意要模仿男子。"而张爱玲偏爱桃红色，在事业有成、美满爱情双双来临之际，她选择了桃红软缎旗袍，在那面带桃花的灿烂时刻，她的心头一定香气弥漫。

张爱玲说得接近事实，满清旗袍是民国旗袍最近的前身。那时，旗袍主要用于宫廷，宫廷里最大的是等级地位，因此服装不叫服装，叫服制。"皇太后、皇后用明黄色朝袍，贵妃、妃用金黄色，到嫔就只能穿秋香色。氅衣绣上双喜字百蝶题为'双喜相逢'。喜字蝙蝠、磬、梅花,题为'喜庆福来'。水仙、团寿字,题为'群仙祝寿',领、襟、袖——常为了表现身份,被修饰到累赘。同治年间,领托、袖口、侧摆、下摆的镶滚花边道数有十八镶之称,发展到极致的可以连旗袍本来的面目都看不出。袖口内缀接可以拆换的华丽袖头,袖头还要镶滚繁多的花边,乍看上去似乎穿了好几件考究的衣服。总之就是不择手段把面子撑足,而衣服内人的曲线则全然不顾。"张爱玲在《更衣记》中说:"在满清三百年的统治下,女人竟没什么时装可言!一代又一代的人穿着同样的衣服而不觉得厌烦……削肩、细腰、平胸,薄而小的标准美女在这一层层衣衫的重压下失踪!"不过失踪止于20世纪20年代,从政治层面到衣服层面,中国都发生了彻底的转变。重现的旗袍褪去了服装制度的假皮,镶滚简单了,色泽也淡雅起来了。刚摆脱封建的中国女性,猛然惊醒,身体曲线居然沉睡了至少三百年。于是诞生了现代摩登旗袍——胸部高挺,腰身收紧,一种厚重的老于世故的美,最适宜包裹细瘦浑圆体形下,一颗饱受欲念与情调双重煎熬的心。最经典的颜色是带有一点点悲剧感的,譬如阴蓝、深紫、玫瑰红、鹅绒黑。这几年,一部电影《花样年华》,又引发了一股春花烂漫般的旗袍热。影视剧往往就偏爱张爱

清末宫中女人穿着满清老样式旗袍。

老上海月份牌中的旗袍美女。

玲背后这一段老上海风情,比如《风月》《摇啊摇,摇到外婆桥》《胭脂扣》,比如《红玫瑰与白玫瑰》《半生缘》《海上花》《长恨歌》《色,戒》——在这些女明星身上,一样的旗袍,飘逸出来的风情是不一样的。张曼玉的上海是长巷深处少女一声无喟的叹息。巩俐的上海是十里洋场一片靡丽的华灯与鬓影。梅艳芳的上海是一朵黑色的菊花,不知是焦枯了还是正在徐徐绽放。叶玉卿的上海是一团白色的草纸,一截白色的肚皮。周迅的上海是眼中晶莹的哀伤,照不亮心头的黑暗。赵薇的上海是莽撞与轻信,华丽与清寒,单纯与放荡——她们身着宝蓝或桃红色旗袍,摇摆着腰肢与媚眼,穿过梦幻的上海滩,款款依依淡入人们的记忆深处。

老上海旗袍风情只有到了张爱玲笔下才发了酵,变成了酒,迷醉了一代又一代爱美的人。关锦鹏的《红玫瑰与白玫瑰》,华丽的外表潜藏的肉欲,痛苦不堪又无法摆脱。许鞍华的《半生缘》是写实,李安的

《色，戒》是写意，最得张爱玲精髓的反而是王家卫的《花样年华》。《花样年华》不少镜头据说是在张爱玲住过多年的常德公寓拍的，乱世、快乐而不自信，迷恋于无端、片刻的欢愉，还有光鲜亮丽的旗袍和便当盒、雨后的街角一起，被蓄意夸张。

晚年张爱玲定居美国后，在很多场合仍是一身旗袍打扮，不过已不及当年那般惊世骇俗。据说，她死前最后一件衣裳是一件磨破了衣领的赭红色旗袍，像极了她曾经绚烂一时而后却平淡寂寞的一生。

织锦缎旗袍：临水照花

张爱玲曾经说过这样的话："再没有心肝的女子说起她'去年那件织锦缎夹袍'的时候，也是一往情深的。"一句话说到女人骨子里，再没有心肝的女人，对穿过的衣裳，也有一份发自内心的依恋——"依"字应该将人字旁去掉，改成"衣"，依恋在张爱玲眼中就是"衣恋"，"恋衣"。

张爱玲三个字现在多半不是名词，而是形容词，形容一种生活品位与时尚。张爱玲的背后是上海滩，是老爷车、藤木椅、青花瓷、织锦缎、绅士怀表、手摇唱机、周璇的老歌，还是昏黄的汽灯、微甜的红酒——织锦缎是不可缺的道具之一。看过一张张爱玲的著名照片，她手叉细腰斜视天空，一副目中无人的姿态，身上那件就是织锦缎面料，只是不能称为袍，而是夹袄。那是1954年，她在香港，正打算前往美国。

上海的一个时装设计师邵艾水为了再现这件织锦缎夹袄实在是花尽心思，他唯一的参照物就是这幅照片，照片是黑白的，如何还原成彩色让他一筹莫展，先是以为浅绿配紫红，怎么看颜色也不谐调。最后他在书上发现，张爱玲喜欢大红、葱绿、柠檬黄、士林蓝——这几种颜色中最有可能的是葱绿，而且张爱玲在《更衣记》中描述了19世纪流行的"云肩背心"，盘着大云头的黑缎宽镶。邵艾水最终认定，这件衣服就是葱绿织锦缎加黑缎宽镶。最后的成衣就是葱绿织锦布料，有如意和寿字图案——葱绿的颜色有些暗，正好衬托了这位"临水照花人"。

织锦缎是丝绸的一种，蚕食桑叶吐出千丝万缕，千丝万缕织成锦缎，春水一般柔滑，春雨一样微凉，女人无法不爱。在老上海时代，织锦缎几乎是做旗袍的首选。有人说"一个民族有一条服装路"，这话说得很对，旗袍，不管是从原始社会的襦衣还是到西周时期的"续衽钩边"的深衣，不管从汉代民间的肥襦裙还是到南北朝时期的大口裤，不管从盛唐的对襟旋袄还是到南宋的云肩比甲挑线裙，旗袍就是民族之路上开出来的花，就是张爱玲所说的"从尘埃里开出来的花"。它和众多的古代缤纷霓裳一起在时尚的风中飘飘摇摇，这就是人们对中国最深切的印象。它是到了老上海时代才收了腰，开了衩，并且越开越高。这是没有办法的事，时光已经到了老上海时代，海上海派洋风劲吹，但是古典的底色一时不能摒弃，古典与现代结合，摩登旗袍就出现在上海滩，太太小姐明星女伶们穿着它招摇过市。

张爱玲曾生活在两种截然不同的家庭中，一边是父亲的遗老遗少家，那里弥漫着鸦片烟、颓废和死气沉沉。一边是母亲的开明家，那里有钢琴、油画和西洋礼仪，有母亲"蕴藉华美的朋友"。因此，张爱玲

张爱玲少年时代生活过的家，像一座古墓。

身上糅合了两边的气质，穿旗袍时会搭上清朝夹袄，甚至清朝样式的绣花袄裤。母亲教她油画，使她对旗袍的色彩相当敏感。清刺绣喜好冷暖对比和明艳色系，因此那时的旗袍色彩对比大胆，常用不同色系的蓝对比不同色系的红，无比艳丽华贵。张爱玲后来说："色泽的调和，中国人新从西洋学到了'对照'与'和谐'两条规矩——用粗浅的看法，对照便是红与绿，和谐便是绿与绿。殊不知两种不同的绿，其冲突倾轧是非常显著的；两种绿越是只推扳一点点，看了越使人不安。红绿对照，有一种可喜的刺激性，""古人的对照不是绝对的，而是参差的对照，譬如说：宝蓝配苹果绿，松花色配大红，葱绿配桃红。"她还说："衣服是一种言语。"对张爱玲来说，她的"衣服言语"就是旗袍，她非常喜欢旗袍，她有各式各样的旗袍：织锦缎的旗袍传统而华贵；细纺旗袍，轻盈而妩媚；镂金碎花旗袍，华丽而高雅；黑平绒高领无袖旗袍，凄美哀愁不失神秘。如今她已经远远地离开这个红尘滚滚的人世，她穿旗袍的形象已深深地烙印在中国人的记忆之中，如同她笔下的文字，看着花团锦簇繁华热闹，触手抚摸，却是一片冰凉。

矮领子布旗袍：不够特别

小裁缝的手艺无法满足张爱玲的服装瘾，她只能亲手制作服装来表达自己的主张——在香港读书时，连连得了几个奖学金，省下点钱，便自选衣料，自己设计。这件衣服她弟弟张子静曾见过，是一件矮领子布旗袍，大红底子，上面印着一朵一朵蓝的白的大花，穿的时候要像套汗衫一样钻进去，两边没有纽扣，领子下还打着一个结，袖子短到肩膀，长度只及膝盖。张子静问她是不是香港最新样子，张爱玲笑道：我还嫌这样子不够特别呢！

张爱玲因为打仗放弃读书从香港回来，张子静明显感觉到她变得很洋气，标志之一，就是这件她亲手制作的矮领子布旗袍——说到底，在所有服装中，旗袍还是张爱玲的最爱。小的时候她就痴迷华服，仿佛天生如此——多半还是受家庭和母亲的影响,《对照记》里有她多帧童年照片,每一张都衣着精致得体,色彩永远那么和谐,这背后若没有一位讲情调、有品位的大人,那是不可思议的。记得一张她坐在古铜色藤椅上的照片,面团似的,微微笑着,一身淡蓝色的薄绸连衣裙,领口和袖口都一色纯白,白袜黑鞋,脸上有腮红,电影里的小童星似的。后来她飞快地长大,衣服更多,总是嫌日子过得太快了,突然又长高了一大截,新做的外套不能穿,葱绿织锦的,一次也没上身,已经不能穿了,以后一想到那件衣服她就很伤心,认为是终身的遗憾。在张爱玲眼里,衣裳是有生命的,曾和自己肉体相连肌肤相亲,贴心贴肺,是另一个自己,情如姐妹——就像在香港拿奖学金做的那件矮领子旗袍,于她又怎么可能轻易遗忘?

她最爱的只能是旗袍,古典又现代,时尚又保守。当年她走红上海滩时,到处以奇装炫人。有一次,《倾城之恋》改编为舞台剧,她去见老板周剑云,穿的是自己设计的服装,就是一袭拟古式齐膝夹袄,超级宽身大袖,水红绸子,用特别宽的黑缎镶边,右襟下有一朵舒卷的云头——也许是如意。长袍短套,罩在旗袍外面。《流言》里附刊的相片之一,就是这种款式。这副行头不但给周剑云,也给世人留下极其深刻的印象。也可以这样说,世人眼里的张爱玲,就定格在这一刻。

张爱玲这张着拟古式齐膝夹袄的照片现在到处都可以看到,据说原照背面有她题写的一行字:"有一天我们的文明,不论是升华还是浮华,都要成为过去。然而现在还是清如水明如镜的秋天,我应当是快乐的。"可以想见,穿拟古式衣裳的张爱玲心里好比是清如水明如镜的秋天,是快乐而愉悦的。身在民国时代,她好像对民国服装并不倾心,更眷恋古人穿衣,说那是"婉妙复杂的调和","色泽的调和,中国人新从西洋学到了'对照'与'和谐'两条规矩","红绿对照,有一种可喜的刺激性。可是太直率的对照,大红大绿,就像圣诞树似的,缺少回味","现代的中国人往往说从前的人不懂得配颜色,古人的对照不是绝

矮领子布旗袍。

对的，而是参差的对照，譬如说：宝蓝配苹果绿，松花色配大红，"我们已经忘记了从前所知道的"。到了1949年上海解放，满大街都是一字领的人民装，不是黑就是蓝，令她很不适应。到了1950年或1951年，正是"翻身农奴把歌唱"的年代，张爱玲还没有去香港，那时候实行配给制，配给布，发给她一段湖色土布，一段雪青洋纱，她就拿去做了一件喇叭袖唐装单衫，一条裤子。排队去登记户口，就穿着这套家常衫裤。街边人行道上撂着一张巷堂小学课室里那种黄漆小书桌，穿草黄制服的大汉佝偻着伏在桌上写字，西北口音。轮到她，大汉一抬头见是个老乡妇女，便道："认识字吗？"张爱玲一愣，忍不住窃笑起来，咕哝了一声："认识。"——心里一时惊喜交集。她一点不像个知识分子，像个老乡妇女，这可能正是她想要做的人，工农群众那时候多么吃香，知识分子远比不上。搁前几年，上海滩最出名的美女作家你把她当成老乡妇女，还问她识不识字？张爱玲估计会骂你"小赤佬"。真是此一时彼一时，就算张爱玲这样心比天高的人，也不得不低下眉眼，心里暗暗感谢那身喇叭袖唐装单衫吧——它成了她的保护装，一如战士身上的迷彩服。后来去香港办护照，她就是穿着这身衣服拍了照片，这张照片也用在她的户口簿上，一身喇叭袖唐装单衫，头发略略过耳，一张脸很大，就是所谓的"正大仙容","像平原缅邈,山河浩荡"。眉眼间完全消失了昔时的张狂,一副乖巧低眉的良家妇女模样,所以才被同志问了一句:"识不识字?"正是这脸老实相"骗"了人,当她提出要去香港时,审查得并不彻底,甚至不知道她以写作为生,批准后,同志马上和颜悦色起来,还说她"这位同志的脸相很诚实"。

张爱玲是属于旗袍的,或者说旗袍属于她。她只有穿上旗袍才会生动起来妖娆起来,因为旗袍是有生命的衣裳。张爱玲有很多旗袍,购买的自制的,高领子的矮领子的,紧身的直筒的——她名字中间有一个爱字,其实也可以这样说:张爱玲的爱就是对文字的爱,对旗袍的爱。

拟古式夹袄与老祖母夹被

张爱玲之所以为张爱玲,就在于她肯定不会满足于空谈,她要付诸行动,也只有这样的女人才不管不顾地穿着拟古式齐膝夹袄去见人。胡兰成的侄女青云到了八十多岁还记得张爱玲:"她人不漂亮,鞋子是半只黑半只黄,喜欢穿古朝衣裳,总归跟人家两样子。"别的作家写人物衣着,往往粗针大线,只求达意。张爱玲决不肯马虎,力求细致准确。有时候读她的小说,就好像在看服装秀,每一个太太小姐出场,都带出一片锦绣。其实她自己一生仿佛都在服装走秀,弄堂里的小裁缝显然不能满足她,"我们的裁缝是没有主意的,公众的幻想往往不谋而合,裁缝只有追随的份儿"。她的另一件老祖母夹被服也是自己设计。

那次她从香港回上海,带回一匹广东土布,刺目的玫瑰红,印着粉红

身着拟古式齐膝夹袄的张爱玲。

张爱玲身上披的正是老祖母的夹被服。

花朵，嫩绿的叶子，印在深蓝或碧绿的布料上，是乡下婴儿穿的，她做成了衣服，自我感觉非常之好，"仿佛穿着博物院的名画到处走，遍体森森然飘飘欲仙"，这自然可以"完全不管别人的观感"。不管什么时候，她就是没法改变这一派典型的张爱玲风格。

这匹广东土布很有日本风味，张爱玲那时经常会到虹口采购衣料，"可惜他们的衣料都像古画似的卷成圆柱形，不能随便参观，非得让店伙一卷一卷慢慢地打开来，把整个的店铺搅得稀乱而结果什么也不买，是很难为情的事。"张爱玲一向把日本布料当美术作品来欣赏，因为剪裁时"衣料上的图案往往被埋没了"，"日本花布，一件就是一幅图画。买回家来，没交给裁缝之前我常常几次三番拿出来鉴赏"。没有买回的她也记得，"有一种橄榄绿的暗色绸，上面掠过大的黑影，满蓄着风雷，还有一种丝质的日本料子，淡湖色，闪着水纹，每隔一段路，水上飘着两朵茶碗大的梅花，铁画银钩，像中世纪礼拜堂的五彩玻璃画，红玻璃上嵌着沉重的铁质沿边"。

那件像穿着博物院名画的衣服并没见诸张爱玲的文字，只是张子静印象深刻，可能就是里弄里小孩子追着看的那次吧，一个人穿着名画在巷里走动，小孩子肯定十分惊奇。

博物馆名画的衣服让人一直难忘，更难忘的是当年红极一时的张爱玲，那时她是狂放的，甚至是嚣张的，她的人生传奇才刚刚开始书写，她穿着博物馆名画的衣服到处炫耀，她用老祖母的夹被做了件滚花宽袍，这是她绝无仅有的一张显得很漂亮的照片，撩起额发的脸显得温柔而妩媚，老祖母睡过多年的夹被完全看不出来，看见的只是一个不可世的张爱玲。她的所有举动就是要告诉世人,她的一生将是一部传奇,所以她才会将她的小说集取名为"传奇"。为了满足自己猎奇的需要,她和炎樱不断自己设计时装,还一起谋划着替人设计时装,广告在一家杂志上刊登出来了,"炎樱与张爱玲合办炎樱时装设计,大衣、旗袍、背心、袄裤、西式衣裙。电话时间:三八一三五,下午三时至八时。"不知道这念头是张爱玲一时兴起,还是经过周密计划,找上门的顾客不多,都设计了什么样的时装现在也不得而知。估计一些客户一听张爱玲大名就有点望而却步,谁敢穿着前清老样子袄裤和一袭拟古式齐膝夹袄走上繁华摩登的霞飞路啊?毕竟张爱玲只有一个,也只能出一个。

饰暗纽的黑呢大衣

有一年秋天,苏青做了件黑呢子大衣,在试样子的时候,要炎樱和张爱玲帮她看效果。她们三个人一同到那时装店去,炎樱说:"线条简单的于她最相宜。"把大衣上的翻领首先去掉,装饰性的褶裥也去掉,方形的大口袋也去掉,改装暗纽。苏青渐渐不以为然了,用商量的口吻说道:"我想……纽扣总要的罢?大家都有的!没有,好像有点滑稽。"

张爱玲在圣玛利亚女校合影,后排左三为张爱玲。

也只有苏青才会做黑色的呢大衣，换作张爱玲，她绝对不会选黑这种颜色，而且还是呢大衣，穿在身上，像结了一层厚厚的壳——苏青与张爱玲是闺中密友，但苏青与张爱玲不同，她是一位职场女士，一个在男人堆里混饭吃的女人，一个弱女子，后面跟着三个孩子要饭吃，容不得她柔弱，身上仿佛也沾染上男子的决断与豪气。张爱玲呢，她是富家千金，更多的是一派富贵闲情，反映在穿着打扮上，那也是决然不同的两个人。张爱玲曾提到过苏青的衣着："对于苏青的穿着打扮，从前我常常有许多意见，现在能够懂得她的观点了。对于她，一件考究衣服就是一件考究衣服，于她自己，是得用；于众人，是表示她的身份地位"，"苏青的作风里极少有'玩味人间'的成分。"与其是夸，不如是贬。苏青自己对穿戴有一套颇为实用的观点："又如在装饰方面，女人知道用粉扑似的假乳房去填塞胸部，用硬绷绷的紧宽带去束细腰部，外面再加一袭美丽的，适合假装过后的胸腰部尺寸的衣服来掩饰一切，这是女人的聪明处。愚笨的女人只知道暴露自己肉体的弱点，让两条满是牛痘疤的手臂露在外面，而且还要袒胸，不是显得头颈太粗，真是糟糕！"

苏青的着装美学就是一件黑色呢大衣，还让张爱玲去掉明扣改成暗纽，黑虽黑，不失为一件特别的衣服。张爱玲笔下另一件黑色大衣也让人难忘，那是胡适穿的，胡适是让张爱玲唯一可以屈尊的男子。胡适祖上似乎和张爱玲家族来往过，胡适和张爱玲姑姑还打过麻将。在美国，他来看张爱玲时，"围巾裹得严严的，脖子缩在半旧的黑大衣里，厚实的肩背，头脸相当大，整个凝成一座古铜半身像。我忽然一阵凛然，想着：原来是真像人家说的那样。而我向来相信凡是偶像都有'粘土脚'，否则就站不住，不可信。我出来没穿大衣，里面暖气太热，只穿着件大挖领的夏衣，倒也一点都不冷，站久了只觉得风飕飕的。我也跟着向河上望过去微笑着，可是仿佛有一阵悲风，隔着十万八千里从时代的深处吹出来，吹得眼睛都睁不开。"

悲风吹着胡适、苏青的黑大衣,斯人都消失在时代一阵又一阵悲风中,只有一件黑大衣,还在"时代的深处"飘摇。

黯红薄棉袍:碎牛肉颜色

张爱玲对服装的惨痛记忆源自于少女时代,那时候她在继母治下生活,"拣她穿剩的衣服穿,永远不能忘记一件黯红的薄棉袍,碎牛肉的颜色,穿不完地穿着,就像浑身都生了冻疮"。这种伤心确实痛到骨子里,像浑身生满了冻疮的青紫与痛痒。对张爱玲来说,这是心灵的伤痛,随衣服颜色深入到身体里,"冬天过去了,还留着冻疮的疤"。

如果不是永远的黯红,如果不是无休无止地就穿这一件,中国式的薄棉袍应该是一件很漂亮的衣服。有一张张爱玲小时候的照片,五六个本家姐妹兄弟搭肩并排,男女一律薄棉袍,每一个都非常可爱。她自己也多次表达过由衷的喜爱,"地下摇摇摆摆走着的两个小孩子,棉袍的花色相仿,一个像碎切腌菜,一个像酱菜,各人都是胸前自小而大一片深暗的油渍","在冬天,棉袄、棉裤、棉袍、罩袍,一个个穿得矮而

穿棉袍的少年张爱玲,和本家兄弟姊妹在一起。

肥，蹒跚地走来走去。"——就是一群毛茸茸的雏鸭？《金锁记》中长安长白是变态情欲的牺牲品，张爱玲通过衣着提前作了暗示："在年下，一个穿着品蓝摹本缎棉袍，一个穿着葱绿遍地锦棉袍，衣服太厚了，直挺挺撑开了两臂，一般都是薄薄的两张白脸，并排站着，纸糊的人儿似的。"这使人很容易就联想到亡人灵前纸扎的童男童女，他们注定了要给那死去的灵魂陪葬。

张爱玲对黯红薄棉袍的仇恨源自于继母孙用蕃，在她的笔下，孙用蕃是一个恶妇，常年将一件黯红的薄棉袍套在张爱玲身上。文字的力量太强大，所有的读者都认为这个后妈歹毒。我去过孙用蕃租居处，邻居反映老太太非常高雅，晚年眼睛已经瞎了，却非常喜欢小孩子，靠寄卖家当过日子，却舍得给孩子吃蜜饯和糖果。张爱玲说，婆媳是一对天敌——后妈和继子应该亦是如此，否则，不会让张爱玲没完没了地穿一件黯红的薄棉袍，那些冻疮布满了张爱玲的心灵，使张爱玲在那么小的时候就写下这样可怕的句子："在没有人与人交接的场合，我充满了生命的欢悦。可是我一天不能克服这种咬啮性的小烦恼，生命是一袭华美的袍，爬满了虱子。"

当然，华美的袍子不应该是黯红的薄棉袍之类，这类棉袍是实用的，贴心贴肺、给人温暖的那种。但是这样的衣裳肯定不适合张爱玲，现在我们无法想象，除了旗袍，张爱玲怎么可能接受别的服装？怎么可能穿上别的服装？新中国成立初期有一次，她自己穿上一件喇叭袖唐装单衫，可能想冒充工农，却真的被人误以为是"老乡妇女"，这让张爱玲颇为得意，因为当时"老乡妇女"正吃香。

那时候老乡妇女穿得就这么好吗？我颇为怀疑——喇叭袖，又是唐装，又是单衫，还是湖色的，尽管是土布，也是够让人神往的。后来我想到毕竟是十里洋场上海滩，也就释然。其实中国民间，最重礼数，穿衣是最重要的礼节，再穷困的乡下妇女，也有一件出客衣裳，不是为自己，也是为尊重他人。

张爱玲应该感谢这件老乡妇女穿的喇叭袖唐装单衫，衬托出她一脸老实相，然后让她成功离境——回过头想一想，似乎也没什么好感激的，她留在大陆没有好果子吃，离开大陆，命运又能好到哪里去呢？一个人穷途命蹇，一件布衣裳哪里能改变得了？

碎花布旗袍：惊鸿一瞥

1950年，上海召开第一次文学艺术界代表大会，张爱玲应邀出席。季节是夏天，会场在一个电影院里，她坐在最后排，穿着一件碎花布旗袍，外面罩了件有网眼的白绒线衫，使人想起她引用过的苏东坡词句——高处不胜寒。那时全国最时髦的装束，是男女一律的蓝布和灰布中山装，后来因此在西方博得"蓝蚂蚁"的称号。张爱玲的打扮，尽管由绚烂归于平淡，比较之下，还是显得很突出——没有人能想象得出张爱玲若是穿上中山装，那会是什么样子。

张爱玲做人还是有底线的，好像在几年前一个什么"东亚文学工作者会议"她就坚辞不就，还在报上登了一个声明。这一次上海第一次文学艺术界代表大会，她来了，虽说是坐在最后一排，但毕竟还是参加了，她在碎花布旗袍外套了一件有网眼的白绒线衫，在一片蓝布灰布的中山装之间，她仍是另类的，突出的。张爱玲似乎对绒线情有独钟，这些细节应该源自于她亲身经历过的生活。从老报刊上看到过，老上海时代上海滩流行绒线衫，是一种西方传入的时髦。1937年夏天，上海裕民毛绒线厂举办过"绒线编织有奖竞赛"，参赛品样式不拘，但得使用超过半磅的绒线。编织绒线是上海女子的时尚，张爱玲应该不会结绒线衫，但在夏末秋凉之时，她喜欢在旗袍外面套件绒线衫，她把这一习惯带到会场上来了，这是她第一次参加共产党官方的文化活动，似乎也是最后一次。

与她当红时惊世骇俗的拟古式齐膝夹袄和清朝式样的绣花袄裤相比，这身碎花布旗袍实在再普通不过。但是因为身在1950年的上海，身在轰轰烈烈的土改运动中的上海,她的旗袍装还是分外引人注目。其实穿这身碎花布旗袍出来让她颇为忐忑。和姑姑在家商量来商量去,实在找不到合适参加共产党会议的衣裳。她在香港读书时,曾有女同学听说马上要打仗了,哭着说:"这可怎么办?我没有打仗的衣裳穿。"这些富家女孩子从小就知道什么场合穿什么衣裳,会客、宴请、郊游、约会——都会有相应的服装。突然要打仗了,她们到哪里找到战袍呢?就如同张爱玲,突然通知她参加共产党的会议,她到哪里借到人民装?最后她还是穿一身旗袍过来,在外面罩上一件有网眼的白绒线短衫,想必是冲淡一下旗袍风情。入场的人士都会看她一眼,然后远远地离开她——她一如既往地那么瞩目,这让她如坐针毡。她的碎花布旗袍也与台上陈毅市长的讲话格格不入,她这个人也与大家格格不入,她最后的逃离是必然的,这一身罩在白绒线短衫下的碎花布旗袍,注定了她在大陆的悲剧性结局。

除了旗袍,在张爱玲小说里也时常可以见到结绒线、穿绒线衫的女子,"庞太太自己的眼睛也非常亮,黑眼眶,大眼睛,两盏灯似的照亮了黑瘦的小脸,她瘦得厉害,驼着背结绒线衫,身上也穿了一件紧缩的棕色绒线衫。"这样的描写在张爱玲小说里比比皆是,在那个时代,要说什么是最具海派特性的女人形象,我想,是结绒线。

绒线工艺自西洋传入不过百来年,却已与旗袍、绣花鞋、爱司头融合在一起,构成上海近代海派贤妻良母的新形象,这三者有时候缺一不可,是最佳搭配,绝配。旧时上海女人称赞能干,总有一句:"她一手绒线生活漂亮得不得了——"上海女人称结绒线为"绒线生活",是很海派的近代女红,直到20世纪六七十年代前,结绒线,一直属中上层上海女人的沙龙式女红。据女作家程乃珊说,在上海无时尚可言的岁月里,绒线衫扮演着举足轻重的角色。聪明的上海女人看一场西哈努克夫人出访的纪录片,一出阿尔巴尼亚电影,不出一个礼拜,淮海路上就出现酷似《第八个是铜像》女主角那身黑白粗花呢大衣,还有莫尼克公主滑雪衫上翻出的毛皮领——都是用绒线结出来的。天生善打扮的上海女人，就是这样用两根竹针一团绒线，为大上海死守着那仅有的一片可怜的都市风尚，这是一个城市最后的点缀品。

旗袍外套一件网眼的白绒线衫，张爱玲的形象一直烙印在上海文化人的记忆深处，也是她留给大陆文坛最后的惊鸿一瞥。

低眉：素花低领布衬衫

不管张爱玲如何痴迷另类怪异的服装，她最合适的，还是素净一类款式简洁的衣饰，比如一款色泽淡雅的素花旗袍，或者是一件素花布衣裙，这类着装更接近我心目中的那个才女张爱玲。

60年代初期，与赖雅结婚后的张爱玲来到台湾，台大中文系一些搞写作的大学生盛情接待，其中有后来在文坛产生很大影响的作家王祯和、白先勇。张爱玲很喜欢王祯和小说中的乡土风情，和他结伴一起来到他的家乡花莲，寻老街古屋，看草木牛羊，晚上就住在王祯和家里。从保留的老照片上看，张爱玲那次花莲之行穿的是一件素花低领布衬衫，皮肤白嫩，低调又低眉，显得年轻而漂亮。后来许多回忆文章中都提到，张爱玲在花莲显得非常年轻而漂亮，以至于花莲很多老乡都认定她是王祯和的女朋友。其实张爱玲当时应该有四十岁上下，和王祯和差不多是两代人，但她一向偏瘦，人并不显老，穿一件素花低领布衬衫和年轻的台大才子行走在原始的青山间，怎么看都协调，怎么看都好看。

张爱玲一向尖锐且敏感，这肯定与她的经历有关，其实她那么小就急吼吼地叫嚷着要梳爱司头、要穿高跟鞋的小人精的做派让人不舒服；还有她迫不及待地宣言成名要趁早呀，多少也有点轻狂。我喜欢她的恬静与温和，喜欢她的清素与淡雅——《对照记》里有两帧张爱玲与炎樱的照片，张爱玲一身短袖花衬衫，走在炎樱身后笑容恬淡。那是一件细花短袖布衫，似乎在下摆处还像现在的时尚青年那样随意松松地挽个结。看似随意普通的着装，其实处处显示张爱玲的匠心。在服饰上张爱玲从来不曾马虎潦草过。她自己曾这样说过："削肩，细腰，平胸，薄而小的标准美女在这一层层衣衫的重压下失踪了。她的本身是不存在的，不过是一个衣架子罢了。中国人不赞成太触目的女人"，"因为一个女人不该吸引过度的注意；任是铁铮铮的名字，挂在千万人的嘴唇上，也在呼吸的水蒸气里生了锈。女人要想出众一点，连这样堂而皇之的途径都有人反对，何况奇装异服，自然那更是伤风败俗了。"对服装出格的危险她其实心知肚明，可还是要往出格的路上奔。凡出格的女人，一定是独特的女人，世俗规矩安妥不了她的心。

《对照记》里另收入两帧张爱玲少女时的照片，和姑姑站在一起，姑姑一身月白色旗袍，张爱玲一身素净半袖旗袍，姑姑轻轻揽起她的腰，两个人说到开心处，会意的笑写在脸上。张爱玲微微带着羞怯，清瘦高挑的身材，额发遮了眉眼，那一身素净的长袍修长、飘逸，说不出的美感与雅致，既不搔首弄姿，也不故弄玄虚，比后来她热衷的那些拟古式或前清绣花式宽袍大袖要来得清爽妩媚，这样子才是清纯秀气的女孩子，宛若山涧一泓清泉或原野一缕春风。

洒着竹叶的旗袍：典雅出色

庄信正是张爱玲晚年最重要的朋友，他的夫人杨荣华回忆："张爱玲很高，很重视仪表，头发梳得丝毫不乱，浅底洒着竹叶的旗袍更是典雅出色……"华裔女作家於梨华也见过张爱玲，她后来写文章说："记得很清楚，她穿一件暗灰薄呢窄裙洋装，长颈上系了条紫红丝巾。可不是胡乱搭在那里，而是巧妙地协调衣服的色泽及颈子的细长。头发则微波式，及肩，由漆黑发夹随意绾住，托住长圆脸盘……我不认为她好看，但她的模样确是独一无二。"

张爱玲时代其实是一个风气开放自由的时代，自由的风一如春天的风，吹开了群芳争艳的霓裳之花。五四以后，一批女性作家不但以自己的作品令人刮目相看，她们自身的衣食住行也像电影明星一样成为大众注目的焦点——不论冰心、庐隐、白薇、丁玲、萧红，还是陈衡哲、冯沅君、谢冰莹、凌叔华、陈学昭，她们大多都有过白衣黑裙的纯真年代。随着社会地位和生活角色的变化，她们的着装也添加了更多的色彩，没有一种专门标志她们身份的服装，但她们融入哪个人群，她们的服装就适应哪个人群。从一些回忆录中知道，冰心的衣着特别注重色彩的和谐与素净，她所喜欢的是"娟娟的静女，虽是照人的明艳，却不飞扬妖冶；是低眉垂袖，璎珞矜严"。萧红喜欢穿深色衣服，这与她在东北的地主家庭长大有一定关系。有一次鲁迅对萧红说，红色的上衣要配黑色的裙子才好看。萧红与端木蕻良结婚时，穿着一件红纱底金绒花的旗袍，配了一件黑纺绸衬裙，在开衩处还镶着花边。萧红到大后方以后，又做了一件镶着金边的黑丝绒旗袍。

丁玲到延安后，毛泽东、张闻天、博古、周恩来、彭德怀等中共领导都十分器重她，高干夫人们争相请她吃饭。毛泽东还专门写了一首《临江仙·给丁玲同志》："壁上红旗飘落照，西风漫卷孤城。保安人物一时新。洞中开宴会，招待出牢人。纤笔一枝谁与似？三千毛瑟精兵。阵图开向陇山东。昨天文小姐，今日武将军"——文小姐成为武将军之后，她们的时装就具有了"组织"的性质。丁玲本来也是喜欢深颜色，她20年代在上海与胡也频和沈从文同居时，喜欢穿红色和黑色。他们成立了"红黑出版社"，出版《红黑》杂志。姚蓬子回忆第一次见到丁玲时写道："这大眼睛的，充满了生的忧郁的丁玲，卷在一件厚重的黑大氅里，默默地坐在车窗旁边，显出一个没落贵族的寂寞和尊严"——黑大氅后来演变成了灰军装，女性又一次以穿上男人的衣服来实现自己的生存价值，开拓自己的生存空间，就如茅盾在《风景谈》中所说，只有从发式上，才能区分出性别。丁玲、草明、宋霖、袁静、郁茹，她们先后穿上了列宁装、干部服，她们的人生价值已经不再依靠自己的衣装去体现，而是依靠"纤笔一枝谁与似"，依靠和男人一样的革命工作。

一件服饰的流行从来都不是偶然的,与经济文化地域紧密相关,因为是在战时,延安时代的革命工作者,从生活到心灵只需要这样的灰布军装来覆盖。这对张爱玲来说,自然无法忍受,从服装到精神都无法接受,所以她和"丁玲们"走的是决然不同的两条路,她们的分歧其实从服装就开始了,一个是灰棉布军装,一个是织锦缎旗袍,这棉布与锦缎的区别其实是天与地的差别。张爱玲在小说《色·戒》中写到一种很特别的着装:黑呢斗篷——"左右首两个太太穿着黑呢斗篷,翻领下露出一根沉重的金链条,双行横牵过去扣住领口。战时上海因为与外界隔绝,兴出一些本地的时装。沦陷区金子畸形的贵,这么粗的金锁链价值不贵,用来代替大衣纽扣,不村不俗,又可以穿在外面招摇过市,因此成为政府官太太的制服,也许还是受重庆的影响,觉得黑大氅最庄严大方。"因为又是官太太的着装,两个必要条件作底,黑呢斗篷,而且还是双行横扣并且以金锁链代替纽扣的黑呢斗篷就应运而生,它出现在《色·戒》中无疑是最恰当的。当时离张爱玲所住的常德公寓并不远,有一家上海的顶级时装店"绿夫人时装沙龙"就在这里,这间"绿屋"经营策略十分独特,从衣服、鞋帽到各种配饰一应俱全,任何一个女子走进去,出来就能从头到脚脱胎换骨,但代价也是非同一般的昂贵,高官的太太爱穿黑呢斗篷正是在此定制,"绿屋"也是张爱玲逛街的首选。无法想象常逛"绿屋"的张爱玲会爱上灰布军装,她与灰布军装所代表的那个世界格格不入乃至誓不两立。她曾经对弟弟说:"这种衣裳太呆板了,打死我也不能穿。"命运玄机又一次在看似微不足道的服饰上反映出来,喜欢另类服装的她与那个火红的时代格格不入,只得选择离开,去了那个遥远的异乡。她晚年喜欢穿洒着竹叶的旗袍,她本人也像一片清幽的淡竹叶,从此淡出中国人的视线。

绿底白花的毛线衣:哀与痛

1994年,张爱玲获得台湾《联合报》终身成就奖,她给报社发来了生前最后一张照片,照片上她身着一件很普通的毛线衣,绿底白花,就是一件市井老太太穿的衣服,她也真的成了一个老妪。少女时代那些出格另类的宽袍大袖早已霉烂,她的作品也在大陆被封存,而赖雅差不多去世近30年,好朋友苏青早已辞世,最亲密的姑姑于3年前去世,最要好的炎樱也成风中之烛,于1年后的6月去世,3个月后,她自己也紧随炎樱,驾鹤西去。

此时的张爱玲心如古井,她只穿毛衣,最最普通的绿底白花毛衣,毛衣曾经是上海滩的新时尚,在小说里张爱玲多次细致描写过:"总是看见她在那里织绒线,织一件大红绒线衫。今天天气暖了,她换了一件短袖子的二蓝竹布旗袍,露出一大截肥白的胳膊,压在那大红绒线上面,鲜艳夺目。胳膊上还戴着一只翠绿烧料镯子。世钧笑向曼桢道:'今天真暖和。'曼桢道:'简直热。'"如今,到了老境,她自己只穿毛衣,只能穿毛衣。据专家考证,此张照片上的张爱玲其实戴的是假发套,在张爱玲的遗物中,竟然有十几顶长短不一、样式不同的假发。晚年的张爱玲得了皮肤病,不得已之下,她把头发剃光了。她曾经那么爱美,为了完美不惜一切,即便到了晚年,她肯定也不愿意顶着光头见人,所以就买了很多假发来戴。她有一句名人名言:"生命是一袭华美的袍,爬满了虱子"——这一句仿佛是箴言似的,在她身上得到验证。张爱玲的研究者周芬伶说,晚年的张爱玲患上了一种"恐虱症"的心理疾病,每当她情绪焦虑的时候,就总感觉房间里有虱子,为了躲避假想中的虱子,她在晚年不停地搬家,据说搬了有几百次。

再争强好胜的女人,其实也无法战胜命运,即便如张爱玲这样的女人也不能例外,因为你可能会遭遇到命运的无情捉弄,你总有一天会衰老,这生命里的苍凉任是谁也不可抗拒——张爱玲无疑是不服老的,在晚年她还不太老的时候,她会穿紫色袜子、粉底拖鞋,还购置许多时装:有香奈尔风格的圆领大衣、驼色系腰带的别致大衣、象牙白的改良连衣裙、有着俄罗斯风格蓝底白条的连衣裙,看起来很像女学生的制服。还有红绿花色夹杂、具有浓郁中国风情的连衣裙。在张爱玲的遗物中，还有很多宽大的、颜色鲜艳的腰带。"张爱玲很喜欢穿宽大的衣服，再在腰间系一条皮带，她的身材又高又瘦，她知道自己怎样穿才会好看。"周芬伶无奈地表示，虽然张爱玲的衣服样式独特，但是价格却很是一般，她在美国的生活一直很拮据，很穷困，她买衣服的地方都是很小、很低档的商店，衣服里也没有一件是真正的名牌。

曾经那么爱完美那么赶时髦的张爱玲，晚年竟然剃了个光头，穿最普通的绿底白花毛线衣，这是张爱玲的哀与痛——这样的悲伤乃至绝望，每一个女人到了暮年都会遭遇到。

灰色的灯笼衣：幻灭的心境

晚年的张爱玲一直躲着不愿见人，而且还不停地搬家，好像一只黄昏时分出现在灰暗天空的蝙蝠。张爱玲此时的衣服也颇有点蝙蝠味道，林式同记得晚年张爱玲穿过一件灯笼衣，又高又瘦的张爱玲穿起灯笼衣，就像从黄昏中飞出来的蝙蝠。

林式同是晚年张爱玲在美国的联系人，张爱玲居无定所，代理她个

张爱玲去世后留下的几件服饰。

人事务的，给她联系搬家的，只有这个有侠义心肠的建筑商——林式同。林式同甚至没读过张爱玲的书，也不知道张爱玲的价值所在，这省去了明星作家与粉丝之间的"缠夹"。一个对张爱玲生活如此重要的人，他们在长达十几年的交往中，也仅仅只见过两次面，想起来真让人匪夷所思。第一次见面是1984年，张爱玲主动打电话约林式同在一家汽车旅馆见面，"十点整从旅社的走廊上快步走来一位瘦瘦高高的女士，头上包着一幅灰色的方巾，身上罩着一件近乎灰色的宽大的灯笼衣，就这样无声无息地飘了过来。"这一次仅仅持续五分钟的见面给林式同留下极其深刻的印象，林式同的一支笔也好生了得，他笔下的张爱玲"身上罩着一件近乎灰色的宽大的灯笼衣，就这样无声无息地飘了过来"。这不是蝙蝠是什么？也可以是落叶，只有落叶才可以用"飘"字来形容。偷张爱玲垃圾的戴小姐倒是将张爱玲形容为叶片："她侧身脸朝内弯着腰整理几只该扔的纸袋子，门外已放了七八只，有许多翻开又叠过的旧报纸和牛奶空盒。她弯腰的姿势极其隽逸，因为身体太像两片薄叶子贴在一起，即使前倾着上半身，仍毫无下坠之势，整个人成了飘落两字。"戴小姐不愧为职业写手，用字用词极为准确，只是不知道她说的薄叶子，是树叶还是草叶。

要张爱玲拒绝装扮，就是等于让她死。印象中她只有一个时期疏于打扮，那就是在继母治下生活，她没完没了地穿一件继母的旧衣，全身像生了冻疮，可见有多嫌恶，一直到73岁，还没忘记当年的旧事："我穿着我继母的旧衣服，她过门前听说我跟她身材相差不远，带了两箱子旧衣来给我穿——她说她的旗袍料子都很好的，但是有些领口都磨破了，只有两件蓝布大褂是我自己的，在被称为贵族化的教会学校上学，确实相当难堪。"当时学校里酝酿着制定校服，张爱玲表面不置一词，内心里却非常渴望，倒并不是因为白衬衫、十字交叉的背带裙有多漂亮，主要是校服一穿，学生的贫富差别看不出来，最起码她不必再穿继母那些磨破了领口的旧衣裳。

晚年的张爱玲也不再精心打扮，只是随便套一件近乎灰色的灯笼衣。这时的她既没钱财，也不再有心情。前生苍凉，后世蛮荒，一件近乎灰色的灯笼衣，就代表了她幻灭的心境。

第二章

笔 / 底 / 缤 / 纷

"在政治混乱期间,人们没有能力改良他们的生活情形。他们只能够创造他们贴身的环境——那就是衣服。我们各人住在各人的衣服里。"

——张爱玲

藤蔓缠绕的青色旗袍

青色的旗袍，浅浅的青，淡淡的青，蚕豆那样青，鸭蛋那样青。藤蔓似的纹饰缠绕着刘若英，在这里她就是张爱玲，斜倚在水边老屋的木廊柱上。雨一直在下，一直在下，藤蔓在纷纷扬扬的雨水中疯长，缠绕着攀附着张爱玲，把她当成了一株树，一株开白花的树。

喜欢这样的影视，长长的一部连续剧——《她从海上来》。张爱玲的一生，就是一部连续剧，剧集就是人生片段，过滤了命运的大开大合、大起大落，只剩下安详、优美的片段：青色旗袍上有隐隐的纹饰，一如藤蔓缠绕，一如缠绵心事。雨一直在下，长长的雨季笼罩了长长的人生，拱桥、流水、鱼鳞瓦、乌篷船……人生如河水静止不动。隔雨相望，雨花落在屋瓦上，打在布伞上，掉在水面上，波纹明明灭灭——江南的气息，南方的滋味，淋湿了人心，心尖上长满了青苔。看《她从海上来》，仿佛经历一场长长的雨季，一场又一场黄梅雨与我们不期而遇。张爱玲在这里是安静的，不像《滚滚红尘》中，她能化身风骚的妓女，一身暗红大花的旗袍，翘起的卷发，闪闪的耳坠，泼妇般殴打另一个女人。或者，被囚禁在阁楼里，一条简单本色的黑裙，尖尖的玻璃碎片划过手腕，被送饭女佣发现时，青色上衣凌乱不堪……

在《她从海上来》里，她不是这样尖锐与敏感，更多的是安静与家常。她在菜场买菜，那应该就是爱丁顿公寓后面的静安寺小菜场，她一双绣花鞋，浅粉红色，短袖旗袍也是浅粉色，粉色有点淡，像春阳下的杏花。或者在漫天飞舞的杨花中，坐一辆黄包车，篷架是放下的，阳光笼罩春风扑面，张爱玲穿白底起花的布旗袍，一件镂空的披肩，渔网一样披在肩头。

旗袍对张爱玲来说就是无声的语言，是她的"袖珍道具"，想不出除了旗袍，还有什么样的衣裳适合她。在独特的个人特征背后，张爱玲的旗袍还蕴涵了鲜明的时代地域特征。20世纪40年代兵荒马乱，但是海上飓风浩浩荡荡吹进霉味扑鼻的中国，却意外吹来旗袍之花，这应该是一朵奇葩，张爱玲作为一朵女人中的奇葩，她爱上旗袍一点也不奇怪，奇葩之人爱上奇葩之物，也算是惺惺相惜。后来到美国定居，那个大洋彼岸让她极度不适应，文化上不认同也就罢了，没有旗袍的日子让她无法度过。她在经历了长久的忍耐之后，在她带去的那几件旗袍都磨损了以后，她提笔给在香港的好友邝文美写信，要她帮她在香港定做旗袍。她发挥她一贯的绘画特长，画出了旗袍的样子，对颜色、花型、滚边、盘扣都提出自己的要求。更奇葩的是，她特地标注了她的三围尺寸：32、27、36——这尺寸应该是英寸，换算成厘米的各方面就是：81、67.5、92.7。如果再换算成市寸的话，那就是2尺4寸、2尺、2尺8寸——这样的身材称得上窈窕。不过，仅仅过了几天张爱玲又来信说臀围37点5英寸正合适，让邝文美把臀围再放大一些。到了三月，她再次写信说最近又瘦了些，过去标注的尺寸正合适。遇上这样的事儿妈，我想邝文美只有叹息。

扮演张爱玲的刘若英，身材绝对不及张爱玲，张爱玲那"像两片薄叶子贴在一起"的身材即便在女生中也是一绝。刘若英的身材接近于丰腴，不像张爱玲那么柴。但她举着油布伞出现在烟雨江南时还是美的，最美的还是那件藤蔓缠绕的青色旗袍，雨一直在下，淋湿了心事。

导演的安排是对的，在这里，张爱玲就应该穿那件藤蔓缠绕的青色旗袍，兵荒马乱的逃亡之旅，劳燕分飞的爱情错觉，乱麻一样的心事一定就是这样，如青草在疯长，如藤蔓在缠绕。

立领中袖青布旗袍

缪骞人是素淡的,也是寂寞的,她的寂寞穿在身上也写在脸上——也许是比寂寞更深一层,是寂寥。不知道是许鞍华的有意安排还是缪骞人的本性如此,照我的设想,《倾城之恋》应该是浓情的、热烈的,可是这部张爱玲的电影里,却有点萧索或暗淡,如同踩着落叶走进黄昏,走进秋天。

我指的是服装,或者专指女主角缪骞人的服装,相对于周润发的范柳原而言,缪骞人的白流苏有点木讷,或者说这个离了婚又回到娘家居住的女人在七大姑八大姨面前就是如此,一个没有文化的又离了婚的女人,一个再没有戏的在家中吃白饭的女人,她的心里装着一潭死水,反映在着装上便是一成不变的暗淡,像张爱玲说的,"长年地在灰色、咖啡色、深青里打滚,质地与图案也极其单调"。而且款式永远不变:立领、中袖,甚至包括发式——齐耳的短发,从开头到结尾。似乎范柳原对她的打扮也不太满意,这样对她说:"第一次见到你,就觉得你不该穿西装。"这近乎是一句废话。或者是:"你知不知道,你最擅长的是低头?"在这里,范柳原需要的是,一低头的温柔。可是缪骞人无论月白色旗袍或细格子旗袍,抑或暗蓝色或纯黑色旗袍,给人的印象永远都是羞怯的,暗淡的,她和张爱玲小说中那个白流苏不同——那个白流苏是鲜活的,压抑中略带一点热辣,人与衣是融为一体的,或者说霓裳是她的另一层皮肤。在许鞍华电影里,没有霓裳,只有衣服——或许在他们激吻之后电影中才泄露

张爱玲手绘:《倾城之恋》中白流苏。

张爱玲手绘:《红玫瑰与白玫瑰》中的孟烟鹂。

了一点,给缪骞人加了一件粉红外套,不过那片粉红色也是褪了色的粉红,一如风雨中打落在地的桃花。

张爱玲痴迷自己笔下的浓墨重彩与霓裳缤纷,无论是清朝样式的绣花袄裤或宝蓝绸袍,出现在哪儿都会引起惊羡和注目,像《色,戒》里王佳芝试穿一件宝蓝色旗袍,易先生冷冷地命令道:"穿着!"王佳芝渴盼的目光是热烈的,她爱的就是老易的冷酷。或者是王佳芝陪易太太逛街,蓝天白云下,陈冲一身浅紫色碎花旗袍,宽大的墨镜遮了半张脸,一回眸的神态风情万种——在这里,衣裳是心灵的一部分,是活的,这正是张爱玲的美学理想,用她的话说就是"袖珍戏剧",荒腔走板的胡琴声中,生命是这样怪异,人生又是如此简单,只需一粥一饭,只要一布一衫就可以做到心满意足。

在这里,导演许鞍华不用泼墨,只用简笔,寥寥几笔韵味十足,比如硝烟散尽后两个人走进野鸽横飞的家园,白流苏一身墨绿的旗袍配红色绣花鞋,正是张爱玲的"红配绿,看不足",红绿之间,生之趣味就是饮食男女。包括两个人在码头相见,风雨中,她一身绿雨衣,他说:"像药瓶,是医我的药。"一句话暴露了范柳原的软弱,原来他也是寂寥

张爱玲手绘：《红玫瑰与白玫瑰》中
王娇蕊。

的，人生的底色，其实就是一片苍凉与寂寥——从这个角度来看，许鞍华这样给缪骞人穿那身立领中袖青布旗袍倒是十分贴切。

瓷青色薄绸旗袍：臆想中的美色

在《沉香屑 第一炉香》里，葛薇龙是一个貌美如花的女孩子："乔琪和她握了手之后，依然把手插在裤袋里，站在那里微笑着，上上下下的打量着她。薇龙那天穿着一件瓷青薄绸旗袍，给他那双绿眼睛一看，她觉得她的手臂像热腾腾的牛奶似的，从青色的壶里倒了出来，管也管不住，整个的自己全泼出来了。"瓷青色是什么颜色？当然是青瓷那样的颜色。张爱玲不知道在《第一炉香》还是《第二炉香》中写一个美丽的女子大冬天穿一件青莲色薄呢短外套，系着大红细褶绸裙，冻得直抖——我惊异女孩子身上那件青莲色外套，青莲色是什么颜色？青青莲叶颜色？还是青青莲籽颜色？瓷青色薄绸旗袍，和青莲色薄呢短外套，哪一种颜色更好一些？我更倾向于葛薇龙的瓷青色，因为就视觉来说，瓷青色薄绸旗袍肯定比青莲色薄呢短外套更出挑一点，更入眼一点，因为它是旗袍，在张爱玲时代，哪一种服饰能比得过旗袍？

旗袍因为展示东方女性美的神韵，一夜之间在上海滩红得如火如荼，招引得富家女、女明星、风尘女趋之若鹜。女明星胡蝶发明在旗袍下摆上缀上三四寸长的蝴蝶边，袖口缩至肘上，相应缀上蝴蝶褶。胡蝶旗袍一上电影，立马风行上海滩。另一位女星顾兰君大胆将旗袍开衩至大腿深处，同时又在袖口开了半尺长的大衩，抬腿跨步，两条玉腿若隐若现欲遮还露，顾兰君新潮旗袍一时又成了沪上时髦女性新热点。著名交际花薛锦园衣不炫人死不休，在旗袍四周镶上一圈光彩夺目的珍珠花边，当她在南京路大东舞厅和百乐门舞厅盛装登场时，一时万众瞩目，一夜之后，薛锦园旗袍又风靡海上。弄堂里小家碧玉追不上大家闺秀，不敢像顾兰君那样豪放，也不能像薛锦园那样奢侈，可毕竟是上海女子，她们也不甘落后，在旗袍领或袖上花尽心思下足功夫，发明了西服翻领、荷叶袖、开衩袖、荷叶边、不对称蕾丝边等。或在外面加上西服外套、绒线衫、薄呢背心、脖子上系纱巾或搭围巾，从弄堂深处袅袅婷婷而至，尽显优雅别致风情万种。张爱玲本质上还是个保守的女子，她自己可以着前清老样式袄裤，也可以穿一身拟古式齐膝夹袄，众人围观她飘飘欲仙——开衩至大腿的旗袍，那是打死她也不肯穿，她从来只让笔下女子穿得优美绝伦，至于青莲色或瓷青色到底是什么样的颜色，我相信她自己也分不清，她只是痴迷青莲色瓷青色这些字词，痴迷自己臆想中的美色。

因为爱做衣裳，所以张爱玲认识远的近的很多裁缝，每次拿来布料和画报上的服装样子，那个肩膀上搭着皮尺的浦东裁缝总是咂嘴："这个不好做，这个做不起来。"张

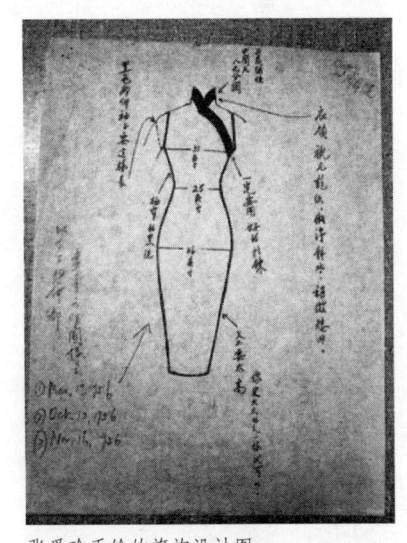

张爱玲手绘的旗袍设计图。

张爱玲当年制作旗袍的服装店：造寸服装店，至今仍在。

爱玲一次一次去裁缝店，耐心指点小徒弟老师傅该如何收腰，该如何盘扣。她最终成了最不受欢迎的客人，小徒弟对她不耐烦，老师傅对她不待见，他的恼怒写在脸上：我做了一辈子裁缝，难道不如你么？但是张爱玲也不服气，千叮咛万嘱咐最后做成的旗袍不是她想要的样子，她花了钱买了气最终旗袍不能穿，只好永远压箱底。

大红缎子滚边花旗袍

张爱玲曾毫不留情地说过这样一句狠话：中国女人的腰与屁股生得很低，背影望过去，站着也像坐着——这话应该是一种偏见，如果此论断成立的话，上海滩光鲜亮丽的旗袍就不可能红起来。旗袍的一大特点就是勾勒身段，紧身旗袍下塌着两个大屁股，"站着也像坐着"，这样的旗袍你叫女人怎么穿出去？

张爱玲是穿旗袍的高手，亦是写旗袍的高手，她笔下那些太太小姐，谁没有一箱箱一笼笼彩锦霓裳、绸缎旗袍？旗袍大多鲜艳妩媚才好看，像《怨女》里那个冬梅，"烫了个飞机头，穿着大红缎子滚边的花绸旗袍，向太太和少爷磕头——"这样的旗袍走到哪儿都引人注目，大红缎子,滚边,还是花绸子,配上刚刚烫好的飞机头——一看就是当家主事的风格,气势上首先压了人一头。事实也正是这样,大红旗袍果然"给冬梅提高了身份,把前面房间腾出来给她,拣最好的佣人伺候她,叫她管家,夸得她一枝花似的"。

张爱玲曾用"束身旗袍,流苏披肩,阴暗的花纹里透着阴霾"来描写老上海女性的时尚穿着,这种中国式的裸露、颔首低眉的女性温婉形象,长久以来一直在几代人的记忆里久久萦绕。《花样年华》中张曼玉每每着旗袍出场,款款锦绣艳惊国际。在上海这个小资的城市,旗袍风潮被蒙上了浓郁撩人却又高贵典雅的色彩,既复古又时尚,既含蓄又开放,不知爱死多少玲珑玉女。可旗袍的花样年华再也没有回归,也无法回归——一个古典唯美的时代已经逝去,生活节奏的加快、内在心理的嬗变,乃至生活环境的变迁,让旗袍之花只能绽放在时光深处、光影之间。

张爱玲的闺蜜苏青也酷爱旗袍,苏青在小说《结婚十年》中写道:"老黄妈替我拿来件绸旗袍,浅蓝色的,像窗格子外面的悠悠天空。我把它披在身上,似乎觉得宽绰绰地,只有靠腰围一部分显得窄些。我半对着老黄妈,半像自言自语地抱怨道:'怎么满月了肚子还不小呀?怪难看的'……垂下头瞧自己拂地长的旗袍下摆时,只觉得一切都空荡荡的,好像做了一场梦。"

《结婚十年》通篇是"我"的口述,有苏青的自传性质。浅蓝色旗袍出现在苏青小说中好像不协调,它应该是张爱玲的衣饰,可能那时候苏青婚后不久,刚刚才生孩子,她还保留着大小姐的娴雅,所以她还幻想着要穿浅蓝色绸旗袍。当她孩子一个个出世,一直到有了第三个,可以在她身后排成一队时,风雨这时候才骤然而至——有一天,她伸出手,手心是向上的,朝老公要钱家用。这时候老公也伸出了手,手心却是向下的,并且直扑过来,甩在她的脸上,紧接着甩下一句话:你也是知识分子,为什么你花钱找我要?一巴掌将苏青打蒙了,也打醒了,她带着一支笔,带着三个嗷嗷待哺的孩子杀入男人群讨饭吃——这种生活重压决定她与张爱玲人生观的不同,反映在穿衣戴帽上,便是很大的分歧——嫁汉嫁汉,穿衣吃饭,她嫁了汉,饭吃不上,衣更穿不成,她不会再对男人抱有点滴幻想。张爱玲不会这样,起码现在不会,男人还没有伤透她的心,她初尝蜜糖,蜜糖后面紧跟着是黄连,她没有吃到,她不会相信。女人都会弱智,非得苦到她龇牙咧嘴才会相信——文人相轻在这里是错的,观念的差异并不妨碍她们做一对姐妹,张爱玲对记者说过,只有拿她与苏青相比她是心甘情愿的。

虽然什么样的女人都可以穿旗袍,但是穿得好不好、有没有品位,也是要看人。女人选择旗袍,旗袍也在选择女人,最适宜的,是那些安静的温婉的又身材高挑眉目清秀的女子,就像《十八春》中的曼桢,张爱玲这样写她:"曼桢来了,说:'早。'她穿着一身浅粉色的旗袍,袖口压着极窄的一道黑白辫子花边。她这件衣服世钧好像没看见过。她脸上似笑非笑的,眼睛也不大朝他看,只当房间里没有他这个人。然而她的快乐是无法遮掩的。满溢出来的生之喜悦,在她身上化为万种风情。"

恋爱中的女子,一身浅粉色旗袍,与爱人相守一处,这简直就是美与爱的化身。

一身樱桃红鸭皮旗袍

张爱玲在《心经》里写过一个漂亮的女孩子段绫卿,因为是夏天,她家客室主色调是清冷的柠檬黄与珠灰,就在这片迷人的颜色里,段绫卿含笑站在那里,她"颀长洁白,穿一件樱桃红鸭皮旗袍"。如此漂亮的富家小姐,一身樱桃红鸭皮旗袍站在一片柠檬黄与珠灰中,美得有点惊心动魄,段绫卿这个名字就像一匹绫罗绸缎,仿佛可以用手抚摸。

张爱玲一生最爱的衣裳是旗袍,也只能是旗袍,即便是夏天,她也离不开旗袍,她自己设计了一种"风凉旗袍",画了样子拿到造寸裁缝店里去做。那时候张爱玲和母亲住在南京西路梅龙镇酒家那条弄堂内,弄堂口就是国际饭店，边上就是造寸裁缝店，本来叫张记服装店，还是张爱玲将店名改成造寸裁缝店。张造寸是老板的名字，张爱玲认为"造寸造寸，寸寸创造，把我们女人的衣裳做得合身漂亮"。可能因为她是上海滩走红的女作家，老板就依了她。张爱玲每次拿了布料和图样来，总是不找老板，找大师傅，大师傅手艺好，又听话，拿什么样子就照什么样子做。而老板造寸总以为我是老板，看到张爱玲那奇特的样子，总认为不合规矩，要改一改，弄得张爱玲不开心，而且还不好直说，吃哑巴亏事小，主要是她那些奇特的想象不能化为衣裳穿在身上，这是要她命的。

给张爱玲做衣服的大师傅叫吴春山，他后来回忆说："为张爱玲做过多少件旗袍，我实在记不清了，但每件旗袍都是按图施工，如她冬天穿的旗袍，有绒夹里的，领头不能太硬太高，张爱玲交代过，旗袍领头高而硬，把头颈撑得笔直，坐着写作很不舒服——她喜欢穿紧身、窄长袖、两侧开衩及膝部的旗袍，外加一件海虎绒大衣。春天她喜欢穿低领、束腰带的旗袍裙，这应该是一种连衣裙的样式，与现在流行的没有什么区别。最热的夏天她就穿自己设计的风凉旗袍。"

张爱玲是天生的时装设计师，她能说不能做，并且常常把不切实际的想象加进来，吴春山有时认为太过分，不听她的，两个人就为一个领口一个纽襻发生口舌。有一次张爱玲拿了一块红绸缎进来要吴春山为她做一条红裙子，吴春山认为她人瘦长皮肤白，穿红裙子不适宜，张爱玲说："我就是要穿得鲜艳些。"——后来这件高腰红裙做成，张爱玲穿了哈哈大笑：我这身红裙穿了，真要妒煞石榴花了。

就在红裙事件不久，上海小报上登了一幅漫画，嘲笑张爱玲以奇装炫人。

苏青的女儿李崇美说："妈妈和张爱玲常常交换衣服穿着，从来不分彼此。"真的是好，好到可以换裤子穿——都说女人之间没有友谊，到了换裤子这一步，这已不是友谊二字可以概括，应该是莫逆之交。其实张爱玲若真要和苏青换衣服穿,苏青的衣服可能没几件她看得上,就一件中规中矩的黑呢大衣,(远不比她的拟古式齐膝夹袄或前清式样绣花袄裤)就是给她她也未必肯穿。这一件黑呢大衣还是张爱玲陪她去做的,那次她和炎樱陪同苏青一同到裁缝店试样子,苏青将衣服套在身上,张爱玲看了看说:"这衣袖不好,这领口也不好,这纽扣更不好,不如不要。"苏青迟疑了一下说:"领口和衣袖可以改,但是纽扣还是要要吧,否则不像样子。"苏青做一件衣裳不容易,她拖着一串小孩子讨生活,这一点她与张爱玲完全不同。金性尧在解放后见到苏青,苏青穿着女式人民装的,"当时倾国倾城的妇女都是清一色的,要知道在50年代,这便是风靡一时的女式时装了。苏青为什么不穿?这就是苏青利落的地方,要是换了张爱玲,麻烦就大了。其实,旗袍装和人民装究竟有什么区别?一样是取暖的。"苏青想得很透——苏青晚年吐血而死,连中医出诊费一次一元都付不起,那是1982年,她的《结婚十年》还在禁

张爱玲手绘:《心经》里的许小寒与许峰仪。

书之列。苏青的骨灰被女儿带到国外，她在大陆什么也没有，在我的记忆里，她一直穿着那件小说中出现的浅蓝色绸旗袍——一件浅蓝色绸旗袍，才让她一生不枉做一个女人，一个妈妈。

张爱玲与苏青人生理想完全不同，反映到衣着上也有天地之别。张爱玲不会穿苏青的人民装，她身材瘦长，如果穿上段绫卿的樱桃红鸭皮旗袍，应该也会温柔如水，可是她偏不。她就是喜欢以奇装炫人然后再逃避人群，她最缺乏的，其实就是那一低头的温柔。

另类别致的异域风情

张爱玲在小说《色·戒》中写到黑呢斗篷，这是当时上海滩风行一时的摩登服装。一件服饰的流行从来都不是偶然的，与经济文化地域紧密相关。因为是在战时，因为又是官太太的着装，两个必要条件作底，黑呢斗篷，而且还是双行横扣并且以金锁链代替纽扣的黑呢斗篷就应运而生，它出现在《色·戒》中无疑是最恰当的。《色·戒》应该算是一篇纪实小说，写的是一个真实的故事，郑苹如刺杀丁默邨，读过这部小说的人，都会记住郑苹如那身电蓝水渍纹缎齐膝旗袍——当然，在小说中她是王佳芝，在电影中她是汤唯。当年郑苹如住在万宜坊，离张爱玲所住的常德公寓并不远，当年这里一栋房子要几十根金条，上海的顶级时装店"绿夫人时装沙龙"就在这里，这间"绿屋"是上海名媛明星逛街必访之地，想必张爱玲或郑苹如是这里的常客，张爱玲的桃红色软缎旗袍，郑苹如的电蓝水渍纹缎齐膝旗袍都是在这里定制的吧？还有官太太的双行横扣的黑呢斗篷。据说，当时的"绿屋"经营策略十分独特，从衣服、鞋帽到各种配饰一应俱全，任何一个女子走进去，出来就能从头到脚脱胎换骨，但代价也是非同一般的昂贵。孤岛时期的上海滩其实物资紧缺，布亦是紧俏商品，高官的太太爱穿黑呢斗篷，但是官方却很难找到真正的黑呢子或黄呢子做军装，于是就到乡下收购那种麻布，回来染成黑色或黄色，《色·戒》小说中提到用厚厚的黄呢布做窗帘，在

纪实小说《色·戒》原型郑苹如在公园留影。

当时算得上相当昂贵的奢侈品。

在《茉莉香片》中，张爱玲写过翡翠绿天鹅绒斗篷，翡翠绿天鹅绒斗篷穿起来应该比黑呢斗篷更大气，起码在张爱玲笔下是如此："云开处，冬天的微黄的月亮出来了，白苍苍的天与海在丹朱身后张开了云母石屏风。她披着翡翠绿天鹅绒斗篷，上面连着风兜，风兜的里子是白色天鹅绒。在严冬她也喜欢穿白的，因为白色和她黝暗的皮肤是鲜明的对照。传庆从来没看见过她这么盛装过。"其实，天鹅绒斗篷实质上就是一件漂亮的翡翠绿的风衣，张爱玲接下去写道："风越发猖狂了，把她的斗篷涨得圆鼓鼓的，直飘到她头上去。她底下穿着一件绿阴阴的白丝绒长袍，乍一看，那斗篷浮在空中仿佛一柄偌大的降落伞，伞底下飘飘荡荡坠着她莹白的身躯——是月宫里派遣来的伞兵么？"

不管是《茉莉香片》还是《色·戒》，斗篷的出现都是很漂亮很大气的，李安可能深知汤唯的缺陷，就没让她穿斗篷，似乎也知道她穿旗袍与《花样年华》里的张曼玉"别苗头"一定要吃亏，所以他很聪明地为汤唯加了一件风衣，这一加，就让汤唯风华绝代。

在很多导演的构思里，老上海的女人都应该穿旗袍，他们不知道，老上海的女人其实也爱穿洋装。如果仔细看过许多三四十年代的老照片，就会发现，当时时髦一点的中产阶级女性，最时兴的打扮是学外国电影里女演员装扮，什么西裤、短袖的白衬衫、风衣，搭配西式的帽子、手套也是点睛之笔。那时候青年男女爱看的美国电影《卡萨布兰卡》里，英格丽·褒曼穿的就是一袭风衣。自信的女人应该都敢穿风衣，因为风衣把曲线都遮掩起来，比拼的全是气质。再明艳性感的女人，一穿上风衣，也会顿时幽婉几分，举手投足就会不一样起来。穿风衣的女人风尘仆仆，心事重重，不是那种等人观赏的穿旗袍的尤物，却像是一个随时随地愿意与心爱男子私奔天涯的情人。没过膝盖的风衣下摆，有一种大而无心的风雅，那份美是不经意间自然流露，随风起舞。

李安很聪明，他不让汤唯穿斗篷改穿风衣，这一招太聪明太懂女人。汤唯烫着刚到颈项的鬈发，露出美丽的额头，戴一顶小圆帽，再穿上那一袭风衣，一回眸的神态温婉动人倾国倾城——她只有这样穿，只能这样穿。所以汤唯才能一红惊艳，换作任何女人都不行——经典的造型，就在那不可重现的一瞬间，不是谁都可以复制的。汤唯如此，她饰演的郑苹如也如是。作为美女特务，郑苹如家境富有，还上过《良友画

张爱玲手绘：《茉莉香片》里的聂传庆与言丹朱。

张爱玲手绘:《茉莉香片》里的冯碧落与言子夜。

报》封面女郎,这在当时富家女中是一种新时髦。另一种时髦就是用皮货做领子,显示一种富贵身份。郑苹如刺杀丁默邨就发生在离张爱玲居住的静安寺不远的西比利亚皮货店,紧邻这家皮货店的是珠宝店,李安为了拍《色,戒》,特地搭了这个景。这个店后来由中国人经营,"文化大革命"时期,店就关门了——珠宝也好,时装也罢,都是与时代格格不入的东西,全都要扫进垃圾堆。

斗篷,无论是双行横扣的黑呢斗篷还是翡翠绿天鹅绒斗篷,后来再也没在中国大陆出现过。不过它出现在张爱玲的小说,在一片姹紫嫣红的旗袍裙袄之间,确实给我们视觉带来一股另类别致的异域风情。

难以言说的阴柔之美

《倾城之恋》里白流苏相亲时穿的是一件月白蝉翼纱旗袍,月白色蝉翼纱旗袍让她在浅水湾饭店成功俘获了范柳原,范柳原对她说:"难得碰见像你这样的一个真正的中国女人。"张爱玲写道:"床架上挂着她脱下来的月白蝉翼纱旗袍。她一歪身坐在地上,搂住了长袍的膝部,郑重地把脸偎在上面。蚊香的绿烟一蓬一蓬浮上来,直熏到她脑子里去。她的眼睛里,眼泪闪着光。"

张爱玲时代上海滩的旗袍种类数不胜数,长衫式、高领式、高开式、直筒式、短袖式、荷花式、盖膝式——具体到张爱玲笔下的男子,无论是有条件或无条件的爱,无不借由对衣装的观感而生发。正是看到白流苏一身月白色蝉翼纱旗袍,范柳原才说出:"难得碰见像你这样的一个真正的中国女人"——继而爱上了她。姜长安瞒着母亲曹七巧去相亲,"长馨先陪她到理发店去用钳子烫了头发,从天庭到鬓角一路密密贴着细小的发圈。耳朵上戴了二寸来长的玻璃翠宝塔坠子,又换上了苹果绿乔琪纱旗袍,高领圈,荷叶边袖子,腰以下是半西式的百褶裙"——这都是张爱玲所喜欢的蓝绿色系。《花凋》里的川嫦,总穿一件葱白素绸旗袍,想必是旧的,既长,又不合身,"可是太太的衣服另有一种特殊的诱惑性,走起路来,一波未平,一波又起,有人的地方是人在颤抖,无人的地方是衣服在颤抖,虚虚实实,实实虚虚,极其神

张爱玲手绘:《花凋》中的郑先生与郑夫人。

秘。"还有《红玫瑰与白玫瑰》里的振保,从来不大看见娇蕊这样矜持的微笑,"如同有一种电影明星,一动也不动像一颗蓝宝石,只让梦幻的灯光在宝石深处引起波动的光和影。她穿着暗紫蓝乔琪纱旗袍,隐隐露出胸口挂的一颗冷艳的金鸡心——仿佛除此之外她也没有别的心。"

不论是白流苏的月白蝉翼纱旗袍,还是姜长安穿的苹果绿乔琪纱旗袍,你读张爱玲的小说就好像在欣赏旗袍秀,那些美丽的旗袍无论是盛装出行还是淡妆幽居,无不像艳的冷的花开在老上海的大街小巷。你可以想象,如果没有旗袍的点缀,那么老上海该怎样冷清与暗淡?那上海还叫什么上海?这也难怪,自民国始,上海滩洋场上女性开始流行旗袍,这一体现女性曲线美的特色服饰成了上海滩一大时髦。晚清时代虽然女性也穿旗袍,但它和上海二三十年代的旗袍不是一个概念,这是一种改造过的另类旗袍,富家女均趋之若鹜。张爱玲小说读多了,你会发现,她笔下的人物也是有色彩的,她们适合穿着某一类颜色的服装,比如绫卿是紫色,是那种旗袍上的紫,还有刺绣的花纹,用银线绣在紫色的旗袍上。流苏是白色,纯白色,白棉花的白。七巧是深红色,是与她出场时年龄不相称的深红色。小艾是淡绿色,这个一生悲剧的人物就穿着一身淡绿,淡绿的颜色像她恍惚的一生,她甚至不记得姓氏,不知道老家有几个兄弟姐妹。翠远是藕荷色,苦命的川嫦是那种清透的粉色,

张爱玲手绘:《花凋》中的郑川嫦。

她成了家里的负担,老子一个姨太太都养活不起,她是个拖累,她知道下堂妾生的孩子过节吃团圆饭也只能端个凳子放在后面,添副碗筷,随便喂两口,应个景儿。现在,人们对于她也不过是这么回事。她在一寸一寸地死去,她试着乐观。逢天气好的时候,粉色衣在太阳里晒过,枕头上留有太阳的气味,生命的气味,她死在皆大欢喜中。

张爱玲的独特就在这里,她的文字有一种难以言说的阴柔之美,一如她喜爱的中国旗袍。天才的她身穿旗袍,把文字的阴柔之美发挥到极致——穿行在她的文字间,仿制在月光下跟踪一位身材修长着月白色蝉翼纱旗袍的神秘美人,只有中国人能理解这种美,一种独特的文化符号,一个别致唯美的民族心理语言。还是张爱玲说得对,她说:"旗袍是有生命的"——月白蝉翼纱旗袍,她会在白流苏这样的美女身上复活,显灵。

人面桃花相映红的风景

张爱玲为她笔下风情万种的美女曼璐设计的主色调是紫色:"慕瑾来了,正在他房里整理行李,一抬头,却看见一个穿着紫色丝绒旗袍的瘦削的妇人","他注意到她的衣服,她今天穿这件紫色的衣服,不知道是不是偶然的。从前她有件深紫色的绸旗袍,他很喜欢她那件衣裳。冰心有一部小说里说到一个'紫衣的姊姊',慕瑾有一个时期写信给她,就称她为'紫衣的姊姊'"。

喜欢按老家的习惯把"衣服"说成"衣裳",人选衣裳并不是偶然的随意,经济、审美、文化、地域、经历,都可以在衣饰中得到体现,所有这一切当然也决定了她的前路与未来,也就是前世与来生——张爱玲曾生活在两种截然不同的家庭中,一边是父亲的遗老家,古墓似的老屋里鸦片烟弥漫,一边是母亲的开明家,那里有钢琴、油画和西洋礼仪。张爱玲身上糅合了两边的气质,穿旗袍时会搭上前清夹袄,甚至前清样式的绣花袄裤。母亲教她油画,使她对旗袍的色彩相当敏感——

譬如说宝蓝配苹果绿，松花色配大红，葱绿配桃红——如此鲜明的色彩对照，让旗袍这种独一无二的女人衣裳显得华丽而高贵，张爱玲不爱是不可能的，她尤其喜欢紫色旗袍，她曾经这样写道："同样的紫，我国古代有紫气东来又有恶紫夺朱的说法——紫色是红与蓝的混合，红是热烈的，蓝是冷静的，燃烧与压抑，引起冲突与不安"。

旗袍这种服装无疑是古典与现代最完美的融合，一个穿旗袍的女人行走在庭院深处，神秘而令人心动，旗袍就有这种神秘风韵——用细腻的笔挑剔地勾画着女性的玲珑曲线，用绚烂的色彩随性地粉饰出一道人面桃花相映红的绝妙风景。旗袍的内敛是遮蔽，从领口一直遮蔽到脚踝；旗袍却也张扬，它的张扬不是暴露，而是泄露，春光乍泄，一条衩从脚踝裁开到腰肢。因为遮蔽而隐秘，因为泄露而增添了想象，令女人大大方方示人的，是美目巧盼；被裹住的，是玲珑身段——旗袍的美是诱惑，却不是诱导；是挑逗，而不是挑明。这其实是最优美动人的古典风韵，一片中国月光。或者说它应该出现在最古典的中国月光下，静谧的幽凉的朦胧的，有古筝旋律为背景，或者有几声若有若无的箫。然后我们可以看到清冷的幽蓝的月光下一地落花，应该是梅花，洒落在小青砖地面上。应该是张爱玲在静安寺庙会上购买的那种双凤绣花鞋，从月亮门那边悄无声息地移过来，手里也许应该执一柄轻罗小扇，不为扇风，也不必扑萤，只是一种装饰。

看过一首诗，题为《张爱玲旗袍》：

> 上海沦陷，张爱玲在自己的旗袍里散步
> 月亮白呀，又圆，又大
> 福州路上，那些蓝色青色或黑色的蚂蚁
> 雨滴下来穿过伊人丝绸
> 前方的死亡越积越厚，倾城之恋红遍了1943与1945之间
> ……

张爱玲的旗袍,与那些月亮一块沉了
它们都曾明晃晃地挂在天上

诗写得像歌词,颠三倒四,咿咿呀呀的,张爱玲很小的时候就说过:"生命是一袭华美的袍,爬满了虱子"——那件华美的袍子,应该就是紫色丝绒旗袍。

盘花旗衫与彩绣裙袄

张爱玲经常写到一种很特别的衣裳——旗衫,是旗袍呢还是长衫?一直弄不明白,也许是介于旗袍和长衫之间,或者二者兼收并蓄兼而有之。

旗衫在张爱玲笔下多为时髦女子着装,《心经》中有这么一段:"钢琴上面一对暗金攒花照相架里的两张照片,一张是小寒的,一张是她父亲的。她父亲那张照片下方,另附着一张着色的小照片,是一个粉光脂艳的十五年前的时装妇人,头发剃成男式,围着白丝巾,苹果绿水钻盘花短旗衫,手里携着玉色软缎钱袋,上面绣了一枝紫罗兰。"这个粉光脂艳的贵妇人穿的就是旗衫,而且还是苹果绿、水钻、盘花的旗衫,配上男式发式,系上白丝巾,手里还携着玉色软缎钱袋,是光彩照人的美妇人形象。

旗衫是民国时期相当流行的服饰,应该也是旗人的衣衫,是旗袍的变异。张恨水的小说里亦频频提及,随便翻到《春明外史》,看了几行就发现如下一段:"梅双修穿了一件墨绿绸旗衫,那少年穿一身青哔叽便服,都把皮肤反映得雪白,真是一双璧人。杨杏园看着,真添了无穷的感慨。"张爱玲与张恨水是同时代的人,同为张姓,又都喜欢描摹金粉世家,对衣着品位如出一辙。

在《小艾》中,张爱玲接着写道:"她是娇小身材,头发剪短了烫得乱蓬蓬的,斜掠下来掩住半边面颊,脸上胭脂抹得红红的,家常穿着件雪青印度绸旗衫,敞着高领子,露出颈子上四五条紫红色的揪瘀的痕迹。"——又是一件旗衫,还是雪青色印度绸的,更明显地带着旗人的印迹。据相关资料显示,旗女皇族命妇与男子朝服基本相同,平时着袍、衫,初期宽大窄入直筒。在袍衫之外加着坎肩,一般与腰际平,亦有长与衫齐者,有时也着马褂,但不用马蹄袖。上衣多无领,穿时加小围巾。贴身小袄可用绸缎或软布为之,颜色鲜艳,大袄分季节有单夹皮棉之分,式样多为左衽大襟,长至膝下,约身长二尺八寸左右。袖口,初期尚小,后期逐渐放大,领子时高时低,外罩坎肩多为春寒秋凉时穿用。时兴长坎肩时,可过袄而长及膝下,披风为外出五彩加金线并缀各式珠宝,矮领,外加围巾。下裳以长裙为主,系在长衣之内,关于裙色,一般以红色裙子为贵,喜庆时节,讲究着红裙。丧夫寡居者着黑裙,若上有公婆而丈夫去世多年者,可穿湖色或天青色——这与张爱玲在《更衣记》中的记载完全一致。她生活在民国时代的上海,民国是晚清的延续,上海又是现代文明的桥头堡,所以古典又现代的时装看得张爱玲眼花缭乱,她笔下常常提到传统的彩绣与织锦。《金锁记》中张爱玲也写到彩绣,是新娘子的嫁衣,"行的是半新式的婚礼,红色盖头是免蠲了,新娘戴着蓝眼镜,粉红喜纱,穿着粉红彩绣裙袄。进了洞房,除去了眼镜,低着头坐在湖色帐幔里。闹新房的人围着打趣,七巧只看了一看便出来了。"粉红喜纱,粉红彩绣裙袄,确实灿烂若锦喜气洋洋——在民国初年,上衣下裙最为流行,上衣有衫、袄、背心,样式有对襟、大襟、直襟、斜襟、一字襟、琵琶襟等变化。领、袖、襟、摆多镶滚花边或刺绣纹样,衣摆有方有圆,宽瘦长短的变化也较多。20年代旗袍开始普及,其样式与清末旗装没有多少差别。但不久,袖口逐渐缩小,滚边也不如从前那样宽阔。至20年代末,在上海因受欧美服装影响,旗袍的样式有了明显的改变,有的缩短长度,有的收紧腰身,有的高开衩露出雪白长腿。裙袄比之千姿百态的旗袍,变化则不大,彩绣的丰富针法,让很多裁缝将针线当画笔,在裙袄上画锦刺绣,华美而不艳俗的裙袄一时深得上海女人的芳心与欢心，张爱玲就留下了好几张着裙袄的照片。

张爱玲笔下的粉红斜纹布棉袄、佛青实地纱袄子、纱笼布制袄裤，实际上都接近于裙袄，短袄长裙在张爱玲笔下最为常见。不仅是才女张爱玲，上海滩明星阮玲玉、胡蝶就留有很多着裙袄的照片。徐来有一张，淡青色裙袄，很贴身，右手随意仿佛在抚摸下巴，颔首微笑，眼眉儿弯弯，就是甜美单纯的小姑娘。在民初，袄有很多种，分夹袄、棉袄、皮袄，按时令更换，男袄所用的料子多为棉织品，女袄则多用丝织品。女子的礼服就是袄与裙，合称裙袄，结婚时要穿大红或粉红色裙袄，嫁妆中必定要由娘家办一套紧身袄裤，青裙为便服，红裙为礼服，白裙为丧服，孀居的不能穿红裙，儿女成年后，可以穿豆绿色或浅绿色绣花裙——这一切张爱玲不会弄错，她是服饰专家，她那篇《更衣记》能拿出来做服装设计专业研究生的毕业论文。

读张爱玲小说，常常会倒吸一口凉气，她是用霓裳来渲染情节，离开了那些妖娆绚丽的时装，离开那些古典又现代的盘花旗衫与彩绣裙袄也许张爱玲就不会存在——在世人记忆里，张爱玲就是活在一片霓裳锦绣之中。

风衣式的米色呢大衣

许鞍华在《半生缘》里，把时间永远设定在深秋或初冬——只要有男女主角出场，永远就是一袭风衣式的呢大衣。人字呢、雪花呢的大衣，米黄色或雪青色大衣，从上海弄堂里飘逸而过，逶迤远去，拂动的衣角与裙摆处，有人生无尽的哀伤与悲凉。

顾曼桢、沈世钧、许叔惠，或者说黎明、吴倩莲与黄磊，他们的经典造型就是大衣与围巾，一看便知是张爱玲的审美，老上海30年代的审美，它深深影响了许鞍华。半生缘在这里其实就是一世情，不管是男女之爱还是姐妹之情，感情不同，情感相通，仇恨过残害过，最后亡的亡了，嫁的嫁了，命运就是这样寒冽与凛冽，有暴雨如注电闪雷鸣的夏夜，也有大雪扑面风刀霜剑的严冬——爱过，便永远不能忘记，恍惚的刹那烟花隐藏在某个不为人知的角落，不经意时分，它是不能触碰的隐痛，像《半生缘》中某个镜头：顾曼桢腋下夹着书本从幽暗的楼道间走来，光亮从遥远的另一端透过，她一身风衣式米色呢大衣，有点飘摇地走过长长的甬道。许鞍华的甬道其实别具匠心，它是时光隧道，一头是苍凉的手势，一头是无望的青春，不堪回首的片段，才是最值得回味的命运横截面：三个年轻人在落叶萧萧的树林里拍照，每人一袭长长的风衣式的呢大衣，一条长长的围巾。不同的是，沈世钧的围巾是黑色的，许叔惠是红色的，而顾曼桢永远是一条花格子的小围巾——轮到她与沈世钧拍照，底片没有了，这是人生诡异的暗示，几乎就是从这一刻开始，他们的命运就联结在一起，纠结、交缠，理不清、斩不断。一次又一次，他们穿过老上海幽暗的弄堂，穿过女佣晾衣、娘姨择菜的弄堂，这其实不是电影场景，而是生命场景，老上海的故事，总在这样的背景下隆重登场，不管它是短短的《倾城之恋》，还是长长的《十八春》。

　　早先拍《倾城之恋》，对许鞍华来说，只是初次结识张爱玲，作为一个女导演，她对女作家的作品有一份先天的认同——从服饰角度上分析人物，许鞍华抓住了张爱玲的本质。《倾城之恋》获得过台湾金马奖服装设计奖，现在看来一点也不偶然，许鞍华用笔简朴而寂寥，与《半生缘》完全不同。《半生缘》的服装就是诗意与感伤——千言万语，寄托在男女主人翁那一款款式样相同颜色接近的风衣式大衣上。许鞍华说她拍《倾城之恋》时对张爱玲相当陌生，而到了《半生缘》，则有一种出神入化的境界，常常与张爱玲合二为一——虽然不同年代的张爱玲也在变化之中，但是不管丝绸锦缎抑或宽袍大袖，她喜欢旗袍的华丽与摩登一直没变，《半生缘》里，许鞍华又一次把准了张爱玲的脉。

　　所以，在电影的最后，我们都听到了沈世钧那句最经典的台词："穿了我的衣服，就是我的人。"这样的求婚最得张爱玲神韵。于是我们再一次看到许鞍华的花格子围巾，以及风衣式的米色呢大衣，然后又看到风衣与围巾零乱地纠缠在一起——那是最甜蜜最幸福的拥抱。

曳地长袍：鲜辣的潮湿的绿色

张爱玲用色十分奇特，这也是可以理解的，否则，她就不叫张爱玲了。在《红玫瑰与白玫瑰》里，振保见到娇蕊："她穿着的一件曳地的长袍，是最鲜辣的潮湿的绿色，沾着什么就染绿了。她略略移动了一步，仿佛她刚才所占有的空气上便留着个绿迹子"——这时的绿色对振保而言，充满了诱惑。一段即将爆发的感情，在通红的火焰升腾之前，是到了极点的绿，这是所谓的翠绿欲滴，所以是鲜辣的，是潮湿的。

张爱玲从小酷爱画画，所以她对颜色极其敏感，她自己就说，颜色与气味常常使她快乐。她用色是印象派的莫明其妙，可她就是敢用，"苋菜上市的季节，我总是捧着一碗乌油油紫红夹墨绿丝的苋菜，里面一颗颗肥白的蒜瓣染成浅粉红"。紫红夹墨绿，只有她才敢这样染色。"路边缺进去一块空地，乌黑的沙砾，杂着棕绿的草皮，一座棕黑的小洋房，泛了色的淡蓝漆的百叶窗，悄悄的，在雨中，不知为什么有一种极显著的外国的感觉。"正是这些颜色，替《留情》里的男主角米晶尧叙说了自己的心情，他想起了过去的那些对打对骂的日子："没什么值得纪念的快乐的回忆，然而还是那些年青痛苦，仓皇的岁月，真正触到了他的心。"心慌意乱时，她看到的街景是这样的：强烈的初秋的太阳晒在青浩浩的长街上，青浩浩的长街上那样拥挤——然而，《心经》里的小寒，因为龚海立向她辞行，她是惆怅无着的——全是不常见的或者根本就没有的颜色，棕绿的草皮、棕墨的小洋房、淡蓝漆的百叶窗、青浩浩的长街，都是张爱玲喜爱的颜色，她用画笔在小说里随意涂抹。

女人，特别是一些搞写作的女人，病态似的痴迷某种不为人知的颜色，从李碧华的鹤顶红到李后主的天水碧，一律如此——美食养才女的胃，美色养才子的眼，在潜意识里，我是把李后主当女人来看待的，这个男子和女人相比，也就是多了一把须眉，实则他是一个女人似的男人，带着宫女在花蕊间收集露水染衣，把风雅发挥到极致，也把颜色卖弄到极致。所谓天水碧，也就是某种青色，某种芳草上的露水颜色，类似于张爱玲笔下的潮湿绿，只是颜色更清淡一点，一如一场春雨后，柳烟笼了一汪青草池塘。穿潮湿绿曳地长袍的女人是最有风情的女人，这样的女人是性感的，情欲的，稍稍有点卖弄风骚，这是很多自我感觉良好的少妇的本能，她们对颜色敏感到无以复加，一身潮湿绿的曳地长袍从老洋房里款款而出，一个俗艳的故事不可扼制地要开始了。

记得去年看过的张爱玲遗物展，对那件墨绿的连衣裙印象最深，隔世衣物依旧散发着袅袅沉香，曾经的华丽与苍凉都已变为断井颓垣，难怪李碧华说张爱玲是一口古井了，怎么淘都淘不尽——我想张爱玲若真是口古井，井口应该长满了潮湿绿的青苔。

壁橱里那条紫色电光绸长裙

葛薇龙这个人物好像是张爱玲的专职模特，张爱玲心仪的服饰总是让她在小说里先穿，她想穿紫色电光绸长裙子跳伦巴舞的那段让人印象深刻，那是风情万种活力四射的葛薇龙，似乎要从书页上跳下来。如果《沉香屑 第一炉香》要拍电影，薇龙这个人物应该由章子怡来演最合适。

那次是薇龙在试衣服，她一夜没有合眼，"才合眼便恍惚在那里试衣服，试了一件又一件，毛织品，毛茸茸的像富于挑拨性的爵士乐；厚沉沉的丝绒，像忧郁的古典化的歌剧主题歌"，"楼下正奏着气急呼吁的伦巴舞曲，薇龙不由想起壁橱里那条紫色电光绸的长裙子，跳起伦巴舞来，一踢一踢，淅沥沙啦响"。葛薇龙是浪漫的，对衣裳的品位就是张爱玲，她喜欢"拉开珍珠的罗帘幕，倚着窗台望出去，外面是窄窄的阳台，铁栏杆外浩浩荡荡都是雾，一片蒙蒙的乳白，她打开皮箱"，"把衣服腾到抽屉里，开了壁橱一看，里面却挂满了衣服，金翠辉煌。""家常的织锦袍子，纱的，绸的，软缎的，短外套，长外套，海滩上用的披风，睡衣，浴衣，夜礼服，喝鸡尾酒的下午服，在家见客穿的半正式的晚餐服","衣服的胁下原先挂着白缎子小荷包，装满了丁香花末子，熏得满橱香喷喷的"。这一点和张爱玲多么相像，张爱玲就喜欢打开箱子晒衣服，六月六晒衣是她的节日，她满心欢喜，穿行在绫罗绸缎夹成的墙壁间。她还喜欢把六月六晒衣服搬到她的小说中，"每年夏天晒箱子里的衣服，前一向因为就快分家了，上上下下都心不定，怕有人乘乱偷东西，所以耽搁到现在才一批批拿出来晒。簇新的补服，平金褂子，大镶大滚宽大的女袄，像彩色的帐篷一样，就连她年轻的时候已经感到滑稽。皮里子的气味，在薰风里觉得渺茫得很。有些是老太太的，很难想象老太太打扮得这样。大部分已经没人知道是谁的了。看它们红红绿绿挤在她窗口，倒像许多好奇的乡下人在向里面张望，而她公然躺在那里，对着违禁的烟盘，她有一种异样的感觉"。

在张爱玲眼中，音符是活的，七个跳跃的音符像七个神态各异的小孩，衣服也是这样，颜色不同的衣服个性也必然不同：玫瑰红的绸夹袍，是俏皮的女子，有点害羞，有点淘气，当着面对你客客气气，一转身立马对你背影挤眉弄眼。灰布棉袄，中年男子，那种白铁小闹钟式的男子，刻板、机械，下班路上有老年人的迟钝，刚刚理过发之后，有小伙子的青涩。柠檬黄晚礼服，是熟女的妩媚与风情，不甘心老实，又不太会放荡，是一种小妇人特有的那种自我感觉良好的、有分寸的造作。紫色电光绸长裙子，应该属于薇龙这样的女孩子，不敢在人前放开手脚，只能在幻想中穿上紫色电光绸长裙子跳起伦巴舞，"一踢一踢，淅沥沙啦响"。绸裙子上电光闪起来，多么漂亮。

烂银衣裙与折褶绸裙

张爱玲写过夜蓝色，写过锈绿色，还写过烂银色——夜蓝色、锈绿色可以想象，这烂银色是什么颜色？是不是接近月光的银白色？——不似月光又似月光的冷色，一种太空色，或者是玄幻色彩？《全唐诗》中张碧写过："黛花新染插天风，蓦吐中心烂银色。"

在小说《色·戒》里，张爱玲这样写："车流如水，与路上行人都跟她隔着层玻璃，就像橱窗里展览皮大衣与蝙蝠袖烂银衣裙的木美人一样可望而不可即，也跟他们一样闲适自如，只有她一个人心慌意乱地关在外面。"这种颜色是很新奇的，写到这里忽然想起来，一款手机的颜色应该就是烂银色，是一种后工业时代的颜色，一种金属的颜色，现代的颜色，完全有别我们耳熟能详的桃红色或柳绿色。应该也可以说，这是一种殖民的颜色。而且还配着很新潮的蝙蝠袖，让我们在上海滩嗅到现代都市的气息——张爱玲时代的老上海是国际的，是与巴黎、纽约同步的世界级大都会，它是中国城市中的另类，是东西方文化孕育出的异端，它一出世就披着一层陌生的烂银色。

烂银色应该接近月白色，在《小艾》里，张爱玲写过一件月白竹布旗袍，"她便去换上一件干净的月白竹布旗袍，拿一条冷毛巾匆匆地擦了把脸，把牙粉倒了些在手心里，往脸上一抹，把一张脸抹得雪白的，越发衬托出她那漆黑的眼珠子，黑油油的齐肩的长发。她悄悄地把猫抱着，下楼开了后门溜了出去"。在张爱玲笔下，小艾的月白色竹布旗袍应该比《色·戒》里那件蝙蝠袖烂银衣裙更有女人味，李安拍《色，戒》，旗袍秀远比不上王家卫的《花样年华》，据说是汤唯的曲线撑不出一片妖娆。因为张曼玉把旗袍穿得太漂亮，所以我们已经惯于拿张曼玉穿旗袍的样子做标准。其实，张曼玉那般颧骨高高，宽肩细腰，骨感雕琢的美，过于现代了。上海淑女穿旗袍的样子恰恰应该是鹅蛋脸庞、斜肩加丰满的胳膊，不信的话对照一下那些老上海画报里的女人就知道，新复古的上海摩登，一定是像汤唯那般身材苗条胳膊饱满才好看，可是张曼玉的旗袍早已深入人心。

老上海滚滚红尘，旗袍秀风华绝代，要维持这世面浮华、霓裳锦绣，需要多少能工巧匠的精雕细琢？就说张爱玲笔下这大批月白、夜蓝、烟青、珠灰、烂银的布料,都是如何皴染而成?她在《连环套》与《心经》写过更迷人的颜色娇绿与茶青,这可能是因为《连环套》中的霓喜来自乡间,来自于绸缎店,张爱玲对她的着色更接近于自然本身,"梳两个丫髻,戴两只充银点翠凤嘴花,耳上垂着映红宝石坠子,穿一件烟里火回文缎大袄,娇绿四季花绸裤,跟在那妇人后面,用一块细缀穗白绫挑线汗巾半掩着脸"。

娇绿花绸裤接近于乡间青秧或麦苗的颜色。一种娇嫩的颜色,娇绿,从来没人如此形容过绿色:一百二十元被卖入富商家庭的霓喜,实际上是通过这一片娇绿把乡园携在身边。她自己后来更正说是三百五十元,那多半是杜撰而出,自己为自己卖一个想象中的好价钱。张爱玲为这样的女人穿上娇绿四季花绸裤再合适不过,娇绿只配霓喜来穿,而且她也只应该叫作霓喜。张爱玲自己不会选择这种颜色,她深知,服装必定要附着个性的灵魂,同龄的女子,性格、家境、涵养等等不同,都可以从穿着打扮中一不小心泄露出老底子。张爱玲信奉的是衣不惊人死不休,她曾随手拿起大红大绿的床单,经过自己简单缝合做成旗袍出门上街,而且只是把旗袍高高的开衩处简单缀连,完全不顾那个时代女子的含蓄内敛,表现出比现在的时尚女性还要另类的勇气。为了在一个宴会上夺人眼球,在着装上黔驴技穷的她临场拿起沙发罩布做披肩,也许因着她的独特和不可阻挡的气质,宴会上所有的来宾都对她投以惊艳、赞叹的目光。

也许在张爱玲心里,她更喜欢娇绿,只是她决不会将娇绿穿在身上。每个人都会有不同程度的言不由衷,张爱玲对乡土的颜色并不排斥,只是她喜欢以一种相当和谐的颜色来与它对照。在《心经》中,她写过一条茶青折裥绸裙——茶青,像茶叶一样青葱,也是一种像娇绿一样让人欢喜的颜色:"芬兰叫道:'就这个好,我喜欢这个!'两手一拍,便跳起舞来。她因为骑脚踏车,穿了一条茶青折裥绸裙,每一个裥子里衬着石榴红里子,静静立着的时候看不见;现在,跟着急急风的音乐，人飞也似地旋转着，将裙子抖成一朵奇丽的大花。"张爱玲后来说她很喜欢这条茶青折褶绸裙，它穿在一位性情开朗的会跳中欧民间舞蹈的女子身上，显得特别娇美。张爱玲喜欢那些褶子以及石榴红里子抖成的奇丽大花，年轻女子身上有从芬兰带来的健康活力——在《心经》的整场故事中，我只看到这样一段舒畅、明媚的画面，其余的全是阴郁，是缺了阳光的潮湿与阴冷，也幸亏有这条茶青折褶绸裙，多少冲淡了小说暗淡的基调。

在张爱玲笔下，服装颜色透露的是女性的心理与命运，蝙蝠袖烂银衣裙是这样，茶青折褶绸裙亦是如此。

从水手蓝、橘子蓝到孔雀蓝

在张爱玲遗物中，有一件孔雀蓝镶金线上衣——张爱玲很多生活用品都是以蓝色调为主，诸如艳蓝、青蓝、蓝绿、水手蓝、橘子蓝等。张爱玲研究者周芬伶认为：这件孔雀蓝镶金线上衣是张爱玲最爱——这说法我不大认同，像张爱玲这样的恋衣狂，选购的每一件衣服都应该是她的最爱。

"那是仲夏的晚上，莹澈的天，没有星，也没有月亮，小寒穿着孔雀蓝衬衫与白裤子，孔雀蓝的衬衫消失在孔雀蓝的夜里，隐约中只看见她的没有血色的玲珑的脸，底下什么也没有，就接着两条白色的长腿。"张爱玲这样写她笔下人物小寒，小寒只有二十岁，选择孔雀蓝衬衣与白裤子，似乎清纯的色彩比较，分明有了女人的妖娆与决然的气势，她穿着孔雀蓝的身子融进夜色里，给予神秘的视觉想象：这个坐在栏杆上的美丽女孩无疑会有离奇的故事带给我们。

服装的最高境界其实不再是服装，而是服装后面依附的那个灵魂。张爱玲深谙此道，同龄的女子，比如性格、家境、涵养等等不同，都可以从服装中体现出来。张爱玲一向喜欢奇装炫人，那是她生命的需要，是她灵魂的需要。平凡的肉体住在一件平庸黯淡的衣服里，她无法忍受。张爱玲出版《传奇》时，书前的题词为："在传奇里寻找普通人，在普通人里寻找传奇。"她希望公告天下，希望大家为她举杯，她用自己的方式广而告之，她要活出一个传奇。《传奇》的封面就是她自己亲手设计的，用她最喜欢的蓝绿色，给上海的夜空开了一扇小窗户——"整个一色的孔雀蓝，没有图案，只印上黑字，不留半点空白，浓稠得使人窒息"。据说张爱玲姑姑也是喜欢这种深重的颜色，张爱玲曾说过这样的话：遗传真是不可思议，而我姑姑的长处我则一样不曾具有，真是气死人。

孔雀蓝是一种迷人的颜色，据说它是以铜为着色剂，同时有绿、蓝两种色调，孔雀开屏为什么美丽？就是这种莹莹的蓝绿光斑在闪烁——我看过一件孔雀绿釉青花莲鱼纹盘，明成化景德镇窑制品，美得惊心动魄。张爱玲喜爱这种颜色一点也不偶然，她从小就是个色迷。有一次参加一个聚会，穿着橙黄色绸底上衫，下着一条和《传奇》封面同色的孔雀蓝裙子，头发在鬓上卷了一圈，其他便长长地披下来，戴着淡黄色玳瑁边的眼镜，搽着口红，沉静端庄，一出场举座皆惊。

其实这种颜色也是中国的古典色，蓝中带绿，强烈而饱满，是忧郁与压抑的声音，是张爱玲生命的底色。在小说《怨女》中她再次写到这种颜色："躺在烟炕上，正看见窗口挂着的一件玫瑰红绸夹袍紧挨着一件孔雀蓝袍子，挂在衣架上的肩膀特别瘦削，喇叭管袖子优雅地下垂，风吹着胯骨，微微向前摆荡着，背后衬着蓝天，成为两个漂亮的剪影"。一件挂在衣架上的孔雀蓝袍子，被张爱玲描写得一如孔雀的剪影。

张爱玲偏爱蓝色，她的快乐与悲伤都是蓝色的。在《华丽缘》中她这样写道："她穿着玉色长袄，绣着两丛宝蓝色兰花。小生这时候也换上了浅蓝色绣花袍子。这一幕又是男女主角同穿着淡蓝，看着就像是灯光一变，幽幽的，是庵堂佛殿的空气了"。蓝色给她的感觉总是这样奇特而奇妙。《连环套》中她写过一条粉蓝薄纱围巾，"他经过一家花店，从玻璃窗里望进去，隔着重重叠叠的花山，看见霓喜在里面买花。她脖子上垂下粉蓝薄纱围巾，她那十二岁的女儿瑟梨塔偎在她身后，将那围巾牵过来兜在自己的头上。是炎夏，花店把门大开着，瑟梨塔正立在过堂风里，热风里的纱飘飘蒙住她的脸。"——在这里，粉蓝薄纱围巾是清新明快的。在《心经》里，许小寒穿一件孔雀蓝衬衫，这时候许小寒才二十岁，正是花样年华，却陷入了一场畸恋。张爱玲给了她本来应有的纯洁的白，同时又给了她饱含内蕴的孔雀的蓝，并且还让这孔雀蓝消失在同色调的暗夜里——这是一个简单纯洁的少女，一个没有心事的少女，她身上的孔雀蓝纯美中隐隐传递着孤清的心境。许小寒的孔雀蓝与张爱玲送给柯灵的宝蓝、曼桢的翠蓝，还有烟蓝、夜蓝、电蓝、粉蓝等颜色完全不同，孔雀的蓝只是属于许小寒。

金鱼黄紧身长衣：王室的尊贵

张爱玲在《倾城之恋》中写黑薆妮公主，那一身金鱼黄的长衣让人印象深刻。张爱玲的笔一写到服装，就像柳絮遇到春风，写着写着就飘起来，飞起来。

你看："迎面遇见一群西洋绅士，众星捧月一般簇拥着一个女人。流苏先就注意到那人的漆黑的头发，结成双股大辫，高高盘在头上。那印度女人，这一次虽然是西式装束，依旧带着浓厚的东方色彩。玄色轻纱氅底下，她穿着金鱼黄紧身长衣，盖住了手，只露出晶亮的指甲，领口挖成极狭窄的Ｖ形，直开到腰际，那是巴黎最新款式，有个名式，唤做'一线天'。她的脸色黄而油润，像飞了金的观音菩萨，然而她的影沉沉的大眼睛里躲着妖魔。古典型的直鼻子，只是太尖，太薄了一点。粉红的厚重的小嘴唇，仿佛肿着似的。"虽说是被放逐的公主，虽说靠老头子养着，可毕竟是克力希纳·柯兰姆帕王公的亲生女，那一身金鱼黄的长衣，依然带着王室的尊贵与威风——金鱼黄这种黄色从没有在别人笔下出现过，它似乎只能出现在张爱玲笔下，它是典型的张爱玲颜色。

张爱玲在生活方面是个弱智儿,她妈妈曾用两年时间教她适应环境,教她煮饭,用肥皂粉洗衣,练习走路的姿势,看人的眼色,点灯后记得拉上窗帘,照镜子研究面部表情。可是,两年后连张爱玲自己也不得不承认,这是一个失败的试验,她在待人接物的常识方面,显露出常识的蠢笨——可是另一方面,她在绘画、写作方面,却显出一个天才的异秉。她自己也说:"对于色彩、音符、字眼,我极为敏感。当我弹奏钢琴时,我想象那八个音符有不同的个性,穿戴了鲜艳的衣帽携手舞蹈。我学写文章,爱用色彩浓厚、音韵铿锵的字眼,如'珠灰'、'黄昏'、'婉妙'","直到现在,我仍爱看《聊斋志异》与俗气的巴黎时装报告。"在张爱玲眼里,生活沉闷而无聊,而那些音符、色彩与文字则是活泼的可爱的——它们"穿戴了鲜艳的衣帽携手舞蹈"。就在她面前的笔下、纸上。

《相见欢》里张爱玲写过一件菊叶青衣裳,"她自己倒是也不见老,冬天也还是一件菊叶青薄呢短袖夹袍,皮肤又白,无边眼镜,至少富泰清爽相,身段也看不出生过这些孩子,都快要做外婆了"。菊叶青薄呢夹袍比不上金鱼黄紧身长衣高贵,但穿在做了外婆的伍太太身上,自有

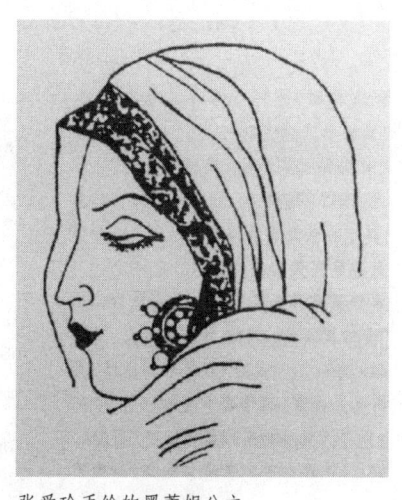

张爱玲手绘的黑黄妮公主。

一份矜持和沉稳，用张爱玲的话说，"至少富泰清爽相"。

张爱玲不但是恋衣狂，也是恋色癖，但无论金鱼黄或菊叶青，虽奇诡虽孤绝，却自有一份和谐与炫目在里面。

海绿花绸子衣服：浮华与靡艳

茅盾在《子夜》里详细描写过张爱玲时代上海滩的华丽霓裳："林佩珊这天穿了一件淡青色的薄纱洋服，露出半个胸脯和两条白臂；她那十六岁少女时代正当发育的体格显得异常圆匀，一对小馒头式的乳房隐伏在白色印度绸的衬裙内，却有小半部分露出在衬裙上端，将寸半阔的网状花边挺起，好像绷得紧紧似的。她一面说话，一面用鞋尖拨弄脚边的细草，态度活泼而又安详，好像是在那里讲述别人家的不相干的故事。"

茅盾笔下淡青色的薄纱洋服应该是张爱玲最熟悉的，那时上海滩是仅次于巴黎的世界都会，春夏秋冬均有时装发布会。大家闺秀，明星名伶，都有专人为其设计时装，常服、礼服、餐服、舞服应有尽有，听起来像维多利亚时代淑女们的需要，甚至一点不输于那个年代。张爱玲在《余烬录》里记录了一个女同学的笑话，这个女同学什么样的服装都有，就是没有战袍，香港要打仗的时候，她急得要哭：这可怎么办呢？要打仗了，打仗我该穿什么衣裳呢？茅盾虽然是现实主义文学大师，但是在对人物衣饰描写方面，显然不是张爱玲的对手。张爱玲对女性服装细致入微的描写程度，那就是一个做了几十年的老裁缝的眼光——在《沉香屑　第二炉香》中，克荔门婷一出场她这样描写："克荔门婷有顽劣的稻黄色的头发，烫得不大好，像一担柴似的堆在肩上"，"她的小蓝眼睛是活泼的，也许她再过两年会好看一些。她穿着海绿的花绸子衣服，袖子边缘钉着浆硬的小白花边"。再往后，她这样描写靡丽笙："大约是不知道客厅里有人；脸上湿漉漉地挂着泪珠儿"，"身上穿着一件半旧的雪青绉纱挖领短衫，象牙白山东绸裙。也许在一部分人的眼光里看来，靡丽笙是和愫细一样的美，只是她的脸庞过于瘦削"。

从服饰角度来说，老上海30年代好比是一个女人的花季，《子夜》的描摹带着1930年代的浮华与靡艳："虽则尚在五月，却因今天骤然闷热，二小姐已经完全是夏装；淡蓝色的薄纱紧裹着她的壮健的身体，一对丰满的乳房很明显地突出来，袖口缩在臂弯以上，露出雪白的半只臂膊。一种说不出的厌恶，突然塞满了吴老太爷的心胸，他赶快转过脸去，不提防扑进他视野的，又是一位半裸体似的只穿着亮纱坎肩，连肌肤都看得分明的时装少妇，高坐在一辆黄包车上，翘起了赤裸裸的一只白腿，简直好像没有穿裤子。'万恶淫在首'这句话像鼓槌一般打得吴老太爷全身发抖。然而还不止此。吴老太爷眼珠一转，又瞥见了他的宝贝阿萱却张大了嘴巴，出神地贪看那位半裸体的妖艳少妇呢！老太爷的心扑地一下狂跳，就像爆裂了似的再也不动，喉间是火辣辣地，好像塞进了一大把的辣椒。"

好像是目之所及，全是缤纷霓裳。只是流年易逝时尚更迭，不管海绿花绸子衣服也好，淡青色薄纱洋服也罢，全褪色了，褪色成一张老上海背景的模糊底片。

穿着粉蓝薄纱的荷叶边衣裙

张爱玲在《沉香屑 第二炉香》中写过一条粉蓝色的漂亮裙子，"凯丝冷"穿溜冰鞋摇摇摆摆向这边滑过来，今天下午她要做拎花篮的小女孩子，早已打扮好了，齐齐整整地穿着粉蓝薄纱的荷叶边衣裙，头上系着蝴蝶结。

实在是漂亮的女孩子，穿粉蓝色薄纱荷叶裙的女孩子好像没有不漂亮的，她应该就是头上系着蝴蝶结的拎花篮女孩子，在众多宾客惊喜的目光中，出现在华丽缤纷的婚礼上。张爱玲应该做过这样的拎花篮女孩，她有一张照片，独坐在一把古铜色、类似于茶几的藤椅上，一身粉蓝色的裙子，及膝白袜，脚上也是一双搭襻的粉蓝色鞋子，剪着覆额的童花头,甜甜地微笑,脸上抹着腮红,双手交握在膝上,显得乖巧、听话。她自己在旁边配文说:"面团团的,我自己都不认识了。但是不是我又是谁呢?把亲戚间的小女孩都想遍了,全都不像。倒是这张藤几很眼熟,还有这件衣服——不过我记得那件衣服是淡蓝色薄绸,印着一蓬蓬白雾,T字形白绸领,穿着有点傻头傻脑的,我并不怎么喜欢,只感到亲切。"她后来又想拍照那天她非常高兴,看见母亲替这张照片着色,一张小书桌迎着亮搁在装着玻璃窗的狭窄的小洋台上,北国的阴天下午,仍旧相当幽暗,我站在旁边看,杂乱的桌面上有黑铁水彩画颜料盒,细瘦的黑铁管毛笔,一杯水。

《沉香屑 第二炉香》里,张爱玲还细致地描写过一条桃花围裙:"正在这当儿,蜜秋儿太太系着一条白底滚红边的桃花围裙,端着一只食盘,颤巍巍地进来了;一眼看见靡丽笙,便是一怔。"这蜜秋儿太太是个爱哭的主儿,"她扭过身去找手绢子,罗杰看着她,她肋下汗湿了一大片,背上也汗湿了,枣红色的衣衫变成了黑的。"一条做饭的围裙,既是白底还滚红边,上面还绣着朵朵粉红色桃花,如此漂亮精致的围裙围着它出没厨间,确实有点糟蹋——不过它系在蜜秋儿太太身上是合适的,它出现在《沉香屑 第二炉香》中也是恰当的,似乎这一条桃花围裙和开头那条薄纱荷叶裙是张爱玲的刻意安排,它们在小说中遥相呼应,照应了一个女人的一生:从穿粉蓝色薄纱荷叶裙、系蝴蝶结、在婚礼上拎花篮的女孩子,到系着白底滚红边的桃花围裙、出没于厨间的老妇。

张爱玲喜欢往回看,那么隔着近百年苍茫岁月回头看那个穿粉蓝色衣裙、坐在藤几上、脸上抹着腮红的小女孩,到最后剃光了头发,死在公寓不为人知的老妪,除了叹息还是叹息。套用张爱玲的句子,那便是"隔着三十年的辛苦路往回看,再好的月色也不免带点凄凉"。

第三章

霓 / 裳 / 之 / 魅

"从前的人吃力地过了一辈子,所作所为,渐渐蒙上了灰尘;子孙晾衣裳的时候又把灰尘给抖了下来,在黄色的太阳里飞舞着。回忆这东西若是有气味的话,那就是樟脑的香,甜而稳妥,像记得分明的快乐,甜而怅惘,像忘却了的忧愁。"

——张爱玲

深衣：旗袍的源头

张爱玲在《更衣记》中说："我们不大能够想象过去的世界，这么迂缓，安静，齐整——在满清三百年的统治下，女人竟没有什么时装可言！一代又一代的人穿着同样的衣服而不觉得厌烦。开国的时候，因为'男降女不降'，女子的服装还保留着显著的明代遗风。从十七世纪中叶直到十九世纪末，流行着极度宽大的衫裤，有一种四平八稳的沉着气象。"张爱玲说得不错，民国前包括民国时期女子的服装还保留着显著的明代遗风——明代遗风就是汉代遗风，一路追溯上去直追至春秋战国。宽袍大袖是中国人穿衣不变的传统，这就是深衣，这就是旗袍的源头。

紧紧裹拢女子身姿，尽显曼妙玲珑之韵，这是旗袍的魅惑所在。顾名思义，旗袍是旗人之袍，与春秋战国时那种宽袍大袖的深衣八竿子打不着，深衣怎么成了旗袍的源头？世事就是这么奇妙，还是一头扎进锦缎芬芳的深衣里，像一头扎进漆黑如墨的深夜。一个奇怪的名字——深衣，据说起源于虞朝的先王有虞氏。虞朝是什么朝？没听说过，是比夏、商、周还要早的朝，汉族的起源。其实严格来说那不是一个朝代，仅仅只是一个部落而已。先古的人们把衣服分为上衣与下裳，"上衣下裳"是中国最早的服装形制，衣指上衣，裳即裙子，后来的人们笼统称衣服为衣裳。将衣与裳分开裁剪但是上下缝合，连缀在一起包住身子，因为"被体深邃"，因而这种衣服得名深衣。先秦时代的经典《礼记》上有"深衣篇"。深衣出现在《礼记》中，可想而知它是一种礼服。但是这种礼服仅仅针对黎民百姓而言，因为贵重所以礼待，这是一种尊崇的心理。对于诸侯、士大夫阶层而言，它仅仅只是家居便服，这和今天人们的心理一样。对穷人来说，一件费工费料的好衣裳一定要留着出客时才穿。但是对于富人来说，他们则天天如此，再好的衣裳全都是家常便服。

可是用"家常便服"来形容深衣显然有失公允，深衣在中国是一种服装制度，作为礼服的一种，它的制作甚至讲究到苛刻的程度。《礼记》这样记录："古者深衣，盖有制度，以应规、矩、绳、权、衡。短毋见肤，长毋被土。续衽，钩边。要缝半下；袼之高下，可以运肘；袂之长短，反诎之及肘。带下毋厌髀，上毋厌胁，当无骨者。"甚至在不同的人、不同的人生阶段，对深衣的穿着要求也各有不同："具父母、大父母，衣纯以缋；具父母，衣纯以青。如孤子，衣纯以素。纯袂、缘、纯边，广各寸半。"元代理学家吴澄对深衣制作提出了"衣六幅裳六幅"之说，衣裳各六幅，象一岁十二月之六阴六阳。明儒朱右则指出衣身用布二幅，袖用二幅，别用一幅裁领。又用一幅交解，裁两片为内外襟，缀连衣身，则衣为六幅。裳用布六幅，裁十二片。上衣下裳通为十二幅。朝鲜儒者郑迷反对将下裳裁为十二片，认为"制十有二幅"应为衣裳布幅总数。根据《深衣考》等文献记载，深衣苎麻布制成。《诗

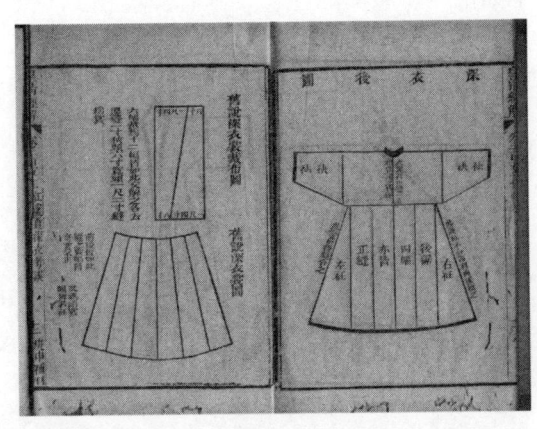

古籍中记载的深衣。

经·蜉蝣》中有"麻衣如雪"之句,麻衣即深衣。史料记载:"古者先布以苎始,棉花至元始入中国,古者无是也。所为布皆是苎,上自端冠,下讫草服。"苎麻所织的布被称为夏布,幅宽周尺二尺二寸。苎麻成布之后需加灰锻濯漂白,所以《诗经》这样吟咏:"蜉蝣掘阅,麻衣如雪。"雪白的深衣让凡俗之人尽显尊贵与敬重,深衣才理所当然地成为礼服。

可是一旦形成制度就难以改变,如同中国五千年专制历史难以改变一样。也可以说中国历史就是一件深衣,容不得对它进行随心所欲的裁剪。张爱玲在这里有点无知者无畏,她说:"在满清三百年的统治下,女人竟没有什么时装可言。"岂止是女人之于满清三百年,中国男人之于五千年大历史,更没有什么服装可言,他们也就是从古到今穿一件深衣,仅此而已。甚至可以这样说,五千岁的中华民族,它身上一直穿着一件苎麻的深衣。

袍服:被改良的深衣

深衣流传到汉代,被改良成为一种服装:袍服。袍服与深衣一样仍然主要用作朝服,晋见皇上的服装,还是礼服。但是深衣并没有被取代,它与袍服相得益彰、相映成趣,宛若花中的蔷薇与玫瑰,看起来是两种花,其实它们是近亲,宛若表姐与表妹。

袍服的"袍"字很自然地让我们联想到旗袍的"袍"——是的,旗袍的"袍"字终于出现了,它让深衣向旗袍的演变迈出了最坚实的一步。但是这一步只是后人自作主张或者自作多情,服装受着时代与历史的局限,它们在历史的夹缝里且行且止。作为深衣的进化,袍服自然与深衣有所不同。深衣的主要特点是上衣下裳,袍服是一种袍子,它不分上下,或者说它是上下一统。它自汉代起就被用于朝服,起始多为交领、直裾,衣身宽博、衣长至跗、袖较肥阔,在袖口处收缩紧小,臂肘处形成圆弧状,称为"袂",或称"牛胡",古有"张袂成荫"之说。这其实就是张爱玲所说的"宽袍大袖",这样的衣袂飘飘很适合士大夫、官僚阶层悠闲的生活方式,作为朝服自然再适合不过——峨冠博带是他们的着装标志。有一种说法是袍服的"袍"从"苞",袍服其实也即苞服。据说袍服早在先秦时代已经若隐若现,一直与深衣相伴,若即若离。只是那个时期的袍服只是一种纳有棉絮的内衣,不太引人注目。《释名·释衣服》云:"袍,苞也。苞,内衣也。"《周礼·玉府》郑注:"燕衣服者,巾絮、寝衣、袍泽之属。"《论语·乡党》:"红紫不以为亵服。"皇侃疏引郑注:"亵服,袍、泽。"秦始皇时代服装制度规定:三品以上绿袍深衣,庶人白袍,皆以绢为之。秦时的袍仍保留着内衣的形制,袍服外加有外衣。东汉以后,袍服逐渐作为外衣而穿,如同现如今时髦女生的内衣外穿。

梳理袍服流传史,不管它与深衣关联有多大,但它确实到了汉代开始与深衣从纠缠不清逐渐过渡到合二为一。其实从原始人的羽毛兽皮、树叶茅草为衣开始,一部人类服装史就是一部文明进化史。从最简单的防寒与遮羞过渡到舒适与审美,袍服逐渐脱离衣服实用功能而上升到美学层次,这一定要伴随着人类文化与文明的积累,只有到了汉代,袍服才最终彻底脱离深衣、告别深衣开始独立。当然它与深衣的关系仍然是剪不断、理还乱。但是既然作为外衣,并且还是礼服,袍服的形制就不能那么随便。一般多在衣领、衣袖、衣襟及衣裾等部位缀上衣边。史料记载:"妇人以绛作衣裳,上下连,四起施缘,亦曰袍。"说的就是袍服。自此以后袍服的制作日益考究,装饰也日臻精美。一些别出心裁的妇女往往在袍上施以重彩,绣上各种各样的花纹,在隆重的婚嫁时刻,穿这种服装。

袍服渐渐发展壮大,作为朝服,它的示范作用自然也越来越大,最终的结果是被国内民众和友好邻邦竞相仿效,它最终的结果是彻底取代了深衣。《后汉书·舆服志》记载:"皇帝服衣,深衣制,有袍,随五时色。袍者,或曰周公抱成王宴居,故施袍。……今下至贱更小吏,皆通

汉代袍服。

制袍，单衣，皂缘领袖中衣为朝服云。"这时的袍服在领、袖等部位都缀有花边。花边的色彩及纹样较衣服为素，常见的有菱纹、方格纹等。袍服的领子则以袒领为主，一般多裁成鸡心式。下摆则打成一排褶裥，有些还裁制成月牙弯曲之状，这种形式的服装在壁画、石刻及画像砖上都有反映。所以张爱玲才说："时装的日新月异并不一定表现活泼的精神与新颖的思想。恰巧相反，它可以代表呆滞；由于其他活动范围内的失败，所有的创造力都流入衣服的区域里去。"

人是如此，由人组成的历史也是如此。虽然袍服的式样历代有变，汉代的深衣制袍、唐代的领裥袍、明代的直身袍，它们无一例外全都是典型的宽身长袍。穿着者多为知识分子及统治阶层，久而久之蔚然成风尚。袍服因而代表的是一种不事生产劳动的上层人士及文化人的身份，宽袍大袖成为他们服饰上的标配。褒衣博带或峨冠博带，逐渐成为中原地区衣饰文明的一种象征。

从袍服到胡服：骑袍不是旗袍

封建文明的标志之一就是物质高度发达，士大夫阶层大量涌现，财富积累化成衣食住行上的奢侈享受,这是人的本能行为。张爱玲所说的"在政治混乱期间,人们没有能力改良他们的生活情形。他们只能够创造他们贴身的环境——那就是衣服。我们各人住在各人的衣服里"。这应该是一家之言,在政治不混乱年代,官吏清明、社会安宁,人们似乎更有兴趣把心思用在衣食住行上。很奇怪吧,"衣食住行"中"衣"字排在第一位,在"食"之上,可见衣裳是人们生活的头等大事,比吃饭还要重要。也许在中国人看来,吃在肚里外人看不见,所以可能吃得马虎潦草一点。但是穿在身上他人一览无余可以看到,而中国人从来都是以貌取人,所以"衣"排在"食"之前并不奇怪。张爱玲后面的补充说得好:"我们各人住在各人的衣服里。"不住在房屋里而是住在衣服里,这是张爱玲的服饰观念,她也说过这样的话:"衣服是随身携带的袖珍戏剧。"张爱玲虽然喜欢妙言绝句,但是她的话很多就是让你连蒙带猜。

"我们各人住在各人的衣服里"很好理解,不住在各人衣服里又住在哪里?各人的生活是各不相同,主宰社会的官吏阶层从告别了茹毛饮血的原始部落开始,就世代享受悠闲奢侈的生活,一代接一代,代代不绝。无论在金碧辉煌的宫殿还是在小桥流水的园林,无论在纸墨芬芳的书斋还是在木鱼声声的寺院,袍服无疑是最合适的服装。但是在宫殿与园林、书斋与寺院之外,劳动的人们不可能峨冠博带、衣袂飘飘去耕作,他们只能将它当成礼服,在特定的时候穿着。袍服在汉族以外的区域也发生了演变,这就是在长城以外的游牧民族中出现的曲裾袍服。从深衣到袍服一直是直

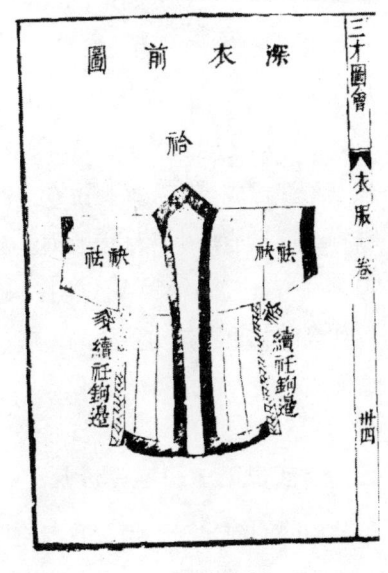

古籍中记载的"续衽钩边"。

裾，最早的深衣之裳计有十二幅，皆宽头在下、窄头在上，无论宽窄一律统称为衽，接续其衽而钩其旁边者就是"曲裾"。袍服演化至此根据绕襟与否分为两大类型：直裾袍服与曲裾袍服。曲裾袍服后面衣襟接长，加长后的衣襟形成三角，经过背后再绕至前襟，然后腰部缚以宽带，可遮住三角衽片的末梢，这样的缝纫方式叫"续衽钩边"。"衽"是衣襟。"续衽"就是将衣襟接长，"钩边"是形容绕襟的样式。单独的一条腰带，宽宽长长的腰带饰有卷草如意图案，将它系在上下袍服接片的地方，尽显男人的矫健身姿与女性的曲线玲珑，在今天看来，曲裾袍服其实别有一番风韵：它一改昔日袍服的宽袍大袖样式，通身紧窄，长可曳地，下摆一般呈喇叭状，行不露足。衣袖有宽窄两式，袖口大多镶边。曲裾的流行是劳动的需要，也是运动的需要，它就是后来在内蒙一带胡人穿着的衣服：胡服。紧窄合体的胡服有利于胡人马上自由闪转腾挪，穿着它你照样可以骑马和骑射，我们其实也可以称之为骑袍——骑马穿的袍子。当然，骑袍不等于旗袍，骑袍更不是旗袍。但是骑袍与旗袍读音相同，更重要的是，骑袍向旗袍又姗姗走了好几步。

张爱玲说："一九二一年，女人穿上了长袍。发源于满洲的旗装自从旗人入关之后一直与中土的服装并行着的，各不相犯。"既然各不相犯，怎么后来旗装又演化成旗袍？只能是万事俱备，时候没到。但是深衣一路演化成袍服，又在民众之间演化出曲裾，在游牧民族那里演化成骑袍，这只能是生存环境所为。女人穿上的长袍，绝非张爱玲所说的源自于"一九二一年"，可以明白无误地说，中国男人女人一直深衣长袍到如今。如果不走出狭隘的地域，没有风云激荡的文化交融，袍服可以演变成胡服，但是骑袍则永远不可能成为旗袍。

赵武灵王：骑袍设计师

胡服的演化其实与深衣与袍服的发展并非是逻辑严密的递进关系，相辅相成、互相借鉴与融合则是服装演变的前提。融合并非仅仅只是文化交流，战争也可以是一种交流方式，甚至是主要方式。这一点你从旗袍演化史上完全可以一览无余地看出端倪。张爱玲说："五族共和之后，全国妇女突然一致采用旗袍，倒不是为了效忠于满清，提倡复辟运动，而是因为女子蓄意要模仿男子。"仅仅是为了"蓄意要模仿男子"，全国妇女就会在一夜之间齐心协力地穿上了旗袍？这是绝不可能发生的事，张爱玲一笔勾掉漫长迂缓的演化，她让一个挪着三寸金莲的小脚女人，在眨眼之间蜕变成脚步铿锵的青春美女，这不过是她一厢情愿的想象。

无论如何在这里要安排旗袍发展史上一个重要的人物出场：赵武灵王。赵武灵王应该是一个服装设计师，起码也是兼职的服装设计师，他倡导的"胡服骑射"让袍服这种传统服装有了极大的改变。当然他改变的不是袍服而是胡服，也许要这样解释一下：深衣在汉代开始向袍服转变，到了游牧民族那里，就成了胡服。衣裳也和人一样三心二意变来变去，赵武灵王也是无意之中做了个服装设计师。他即位时，赵国正处在国势衰落时期，就连中山那样的邻界小国也经常来侵扰。而在和一些大国的征战中，赵国常吃败仗，大将被擒，城邑被占，眼看着要被胡人吞并。这也是事出有因，赵国在地理位置上与游牧民族胡人大面积接壤。

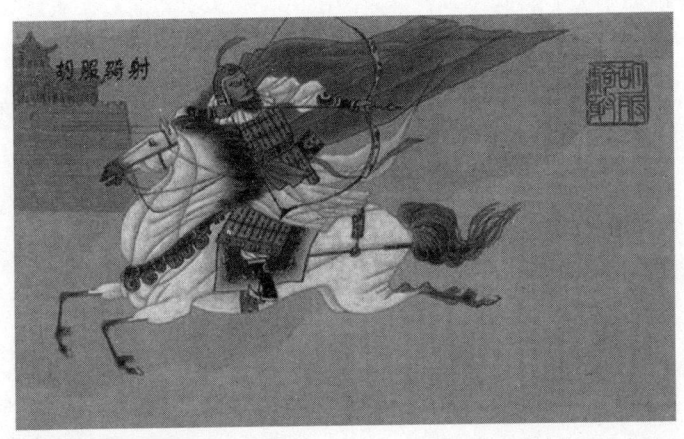

邮票上的"胡服骑射"。

发明"胡服骑射"的赵武灵王。

这些游牧部落擅长骑马射箭，常以骑兵进犯赵国边境。长期征战中赵武灵王看到胡人在军事服饰方面有一些特别的长处：穿窄袖短袄，生活起居和狩猎作战都比较方便。作战时用骑兵、弓箭，与中原的兵车、长矛相比，具有更大的灵活机动性。他对手下说："胡人的骑兵来如飞鸟，去如绝弦，是当今之快速反应部队，带着这样的部队驰骋疆场哪有不取胜的道理？"胸有大志的赵武灵王决定以胡制胡，他的手段就是以骑射改装军队："着胡服、习骑射"。取胡人之长补汉人之短。赵武灵王说做就做，将袍服改短装，束皮带，用带钩，穿皮靴。不仅要使军队将士穿，全国上下臣民都要穿。"胡服骑射"政令还没下达，就遭到皇亲国戚的一致反对。他们以"易古之道，逆人之心"为由拒绝接受。赵武灵王驳斥说："德才皆备的人做事都是根据实际情况而采取对策，怎样有利于国家的昌盛就怎样去做。只要对富国强兵有利，何必拘泥于古人的旧法？有谁胆敢再说阻挠变法的话，我的箭就穿过他的胸膛！"

　　放出如此狠话之后，胡服的推广收效显著，马上的"骑射"也极大提高了汉人"步射"的杀伤力。经过"胡服骑射"的改革，赵国一跃成为继秦国之后最强大的国家。而事情的起因仅仅只是从服装改变开始，这听起来匪夷所思，但是它却改写了中国历史。张爱玲说得对："军阀来来去去，马蹄后飞沙走石，跟着他们自己的官员，政府，法律，跌跌绊绊赶上去的时装，也同样地千变万化。短袄的下摆忽而圆，忽而尖，忽而六角形。"这是事实，也是史实，最有说服力的就是赵武灵王的胡服骑射，它真实地改变了历史。胡服随着赵国的影响开始向周边辐射，风行一时。到了唐代开元、天宝年间，胡服连同胡妆、胡骑、胡乐一起成为长安的流行时尚。由于长安的影响力，胡服最终又以"舶来品"的身份在汉人之间"反客为主"。客居时间太长，它也渐渐忘掉了客居身份，成了真正的主人，开始当家做主。

旗帜的旗就是旗袍的旗

1644年在中国旗袍史上是个特殊的年份，在中国历史上这同样是个重要的年份：清兵入关、定都北京。随着全国的统一，一项重要的政令开始颁布：雉发易服。就是剪去头发、脱去汉服，简单说起来就是一句话：淡化汉民族习俗，弘扬胡人风气，胡人的服装开始全方位在汉族区域流行。在这里，胡人专指八旗子弟。不管他们先祖是从事渔猎还是游牧，他们一概都是长城外的少数民族。

在这里我们终于看到了旗袍的"旗"，它是过去骑服的"骑"，当然它更是旗人的"旗"——旗人的"旗"就是旗帜的"旗"，旗帜的"旗"也就是旗袍的"旗"。要问这"旗"字是怎么来的，就不能不回到那个旌旗猎猎的游牧之地，也就是八旗之地。建立八旗制度的功臣是努尔哈赤，他于1591年统一了建州各部，改变了旗人分裂的局面。初建时

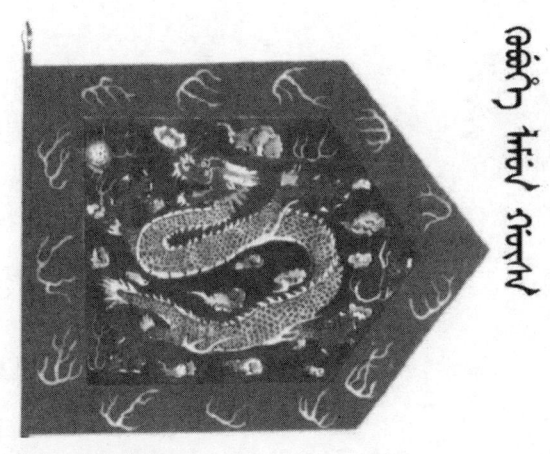

镶红边的蓝旗。

八旗女子的袍服。

只有四旗，用黄、白、红、蓝四种颜色作旗帜，增添的四旗用镶黄、镶白、镶红、镶蓝四种颜色作标识。至于比较规范的八旗颜色，到天命七年（1622）才始见之于《满文老档》：正黄、镶黄、正白、镶白、正红、镶红、正蓝、镶蓝共八种颜色。其四镶旗为：将原来的整黄、整白、整红、整蓝的旗帜周边镶上一条边，黄、白、蓝三色旗帜镶红边，红色旗帜镶白边。不镶边的黄色旗帜称为整黄旗，即整幅的黄旗，习称正黄旗，以此类推为正黄旗、正白旗、正红旗、正蓝旗，与镶黄旗、镶白旗、镶红旗、镶蓝旗合起来称为八旗。八旗的排列方位最初来源于狩猎，《清文鉴》载，行围方式是"箕掌式"。其中军黄纛（旗）设做围底，围底的两翼树红白二纛（旗）处叫做围肩，两翼末端树立蓝纛（旗）处称围端。于是围场的组织分为彼此呼应关联的五个部分。

狩猎部众在围底处集结以后，以"牛录"为单位由围底处分向两翼前进，"各照方向，不准错乱"。围而不合，谓之"行围"。左右围端按令合拢后叫"合围"，合围后开始猎杀野兽。这种形式是女真人围猎的标准队形和基本序列，在军事行动中也采用它，战无不胜。努尔哈赤在创立八旗制度时，显然是采用了这种方式，由生产劳动形成的习惯，就自然而然地成为部落建制。旗人之衣也与他们战时征战、闲时狩猎的半军半猎生活习性紧密相关,是旗人先祖长期游牧渔猎生活在北方寒冷的气候下的自然选择:紧窄合体、便于骑射的袍服衍生出了更多的样式。八旗入关以后,八旗的方位有了更加明确的规定,并成为定制向全国推行。传统的冠戴衣裳几乎全被禁止,庆典场合不分男女都要着袍:旗人之袍。当然,那时候的旗袍与后来源自上海滩的旗袍并非同一件衣裳。旗人入主中原之后,各类旗人袍服名目繁多、大行其道,有朝袍、龙袍、蟒袍及家常袍服之分。从字义解,旗袍泛指旗人(无论男女)所穿的长袍,不过只有八旗妇女日常所穿的长袍才与后世的旗袍有着血缘上的关系。

终于等到了八旗女子袍服的出场,经过胡汉数千年的大融合,八旗女人的霓裳之花如同蓓蕾初绽,但是它远远未到令人惊艳之时。作为生活方式之一,衣裳的影响力也就是民族的影响力,它们从来是相辅相成共同成长。就如同西装的出现显示出民国的开放一样,它是中国融入世界的开始。也就像牛仔裤的出现标志着中国第二次打开国门、走向世界一样,衣裳在这里扮演着排头兵或先遣队的角色,它是人们心理、情绪、视野、文化、观念、审美的全方位综合。对女人来说,服装是小事也远非小事,所以张爱玲说:"衣服似乎是不足挂齿的小事。刘备说过这样的话:'兄弟如手足,妻子如衣服。'可是如果女人能够做到'丈夫如衣服'的地步,就很不容易。有个西方作家(是萧伯纳么?)曾经抱怨过,多数女人选择丈夫远不及选择帽子一般聚精会神,慎重考虑。"选择衣服远比选择丈夫聚精会神的女人,特别是受时空所限的八旗女人,她们和她们世代所穿的旗袍早就准备好了,她们在等待一个千载难逢的时机,如同漫山遍野的烂漫山花在等待一场潇潇春雨。

从线香滚到元宝领

旗人入主中原为旗袍流行扫平障碍,虽然满人心心念念想的是用服

张爱玲手绘：清末女装。

装来同化汉人，帮助他们夯实贵族统治的基础，但这并非是一蹴而就的事。旗人的袍服有来自他们自身的局限，比如令人眼花缭乱的"线香滚"，比如令人难以忍受的"元宝领"，如此形式大于内容的花头是爱美之心与霸气外露的奇妙结合。张爱玲一向冷眼旁观，在后来细述中国服装史时，她对此有过精辟的描述："第一个严重的变化发生在光绪三十二三年。铁路已经不那么稀罕了，火车开始在中国人的生活里占一重要位置。诸大商港的时新款式迅速地传入内地。衣裤渐渐缩小，'阑干'与阔滚条过了时，单剩下一条极窄的。扁的是'韭菜边'，圆的是'灯草边'，又称'线香滚'。在政治动乱与社会不靖的时期——譬如欧洲的文艺复兴时代——时髦的衣服永远是紧匝在身上，轻捷利落，容许剧烈的活动。"对于"线香滚"之类用于旗袍的华而不实的复杂装饰，张爱玲看得很清楚："对于细节的过分的注意，为这一时期的服装的要点。现代西方的时装，不必要的点缀品未尝不花样多端，但是都有个目的——把眼睛的蓝色发扬光大起来，补助不发达的胸部，使人看上去高些或矮些，集中注意力在腰肢上，消灭臀部过度的曲线……古中国衣衫上的点缀品却是完全无意义的。若说它是纯粹装饰性质的罢，为什么连鞋底上也满布着繁缛的图案呢？鞋的本身就很少在人前露脸的机会，别说鞋底了，高底的边缘也充塞着密密的花纹。"最登峰造极的是，"袄子有'三镶三滚'、'五镶五滚'、'七镶七滚'之别，镶滚之外，下摆与大襟上还闪烁着水钻盘的梅花、菊花。袖上另钉着名唤'阑干'的丝质花边，宽约七寸，挖空镂出福寿字样。这样聚集了无数小小的有趣之点。这样不停地另生枝节，放恣，不讲理，在不相干的事物上浪费了精力,正是中国有闲阶级一贯的态度。惟有世界上最清闲的国家里最闲的人,方才能够领略到这些细节的妙处。制造一百种相仿而不犯重的图案,固然需要艺术与时间;欣赏它,也同样地烦难。古中国的时装设计家似乎不知道,一个女人到底不是大观园。太多的堆砌使兴趣不能集中。我们的时装的历史,一言以蔽之,就是这些点缀品的逐渐减去。"作为衣裳的另一种装饰,"元宝领"的演变与"线香滚"如出一辙,张爱玲说:"一向心平气和的古国从来没有如此骚动过。在那歇斯底里的气氛里,'元宝领'这东西产生了——高得与鼻尖平行的硬领,像缅甸的一层层叠至尺来高的金属项圈一般,逼迫女人们伸长了脖子。这吓人的衣领与下面的一捻柳腰完全不相称。头重脚轻,无均衡的性质正象征了那个时代。民国初建立,有一时期似乎各方面都有浮面的清明气象。大家都认真相信卢骚(梭)的理想化的人权主义。学生们热情地拥护投票制度,非孝,自由恋爱。甚至于纯粹的精神恋爱

张爱玲继母家族中,穿清装的女眷。

也有人实验过,但似乎不会成功。时装上也显出空前的天真,轻快,愉悦。'喇叭管袖子'飘飘欲仙,露出一大截玉腕。短袄腰部极为紧小。上层阶级的女人出门系裙,在家里只穿一条齐膝的短裤,丝袜也只到膝为止,裤与袜的交界处偶然也大胆地暴露了膝盖,存心不良的女人往往从袄底垂下挑拨性的长而宽的淡色丝质裤带,带端飘着排穗。"是时候了,是到了去掉烦琐之极的"线香滚"与"元宝领"的时候了,整件袍服全是花边镶滚,以至难以辨识衣服本来的面料,这种制衣的境界对于新时代的女人来说是一种困境,改革总会在这样的时刻悄然发生,服装改革其实是跟在政治改革后面亦步亦趋。

尽管女人们仍然是三寸金莲,但是粽子似的小脚却越走越快,这时候照相出现在宫廷,紧接着香水与丝袜,高跟鞋与自行车纷纷登场。宫中的皇妃也按捺不住荡漾的春心,她们洒上香水,戴上假乳,烫上头发,穿上旗袍。这一幕让全中国的女人们看到了,她们看得目瞪口呆。只有上海的摩登女郎们眼最尖,她们闪烁的甚至有点贪婪的目光死死盯在那一袭袭摇曳生姿的旗袍上。

作为另一种美的参照

在这里必须要看到一种事实:仅仅有旗人之袍也不可能变革出令后世惊艳的摩登旗袍。鸦片战争中国门被火药轰开,西风尽吹洋装引进,西装作为另一种美的参照启发了中国人,晚清与民国社会巨大变革,被李鸿章称之为"三千年未有之大变局"。此前的三千年、五千年,中国铁板一块,反映在服装上就是张爱玲所说的"我们不大能够想象过去的世界,这么迂缓,安静,齐整——在满清三百年的统治下,女人竟没有什么时装可言!一代又一代的人穿着同样的衣服而不觉得厌烦"。统治不变,服装也不会有根本性的改变,政治制度决定了国人的生活秩序,当然也包括服装制度。

但是历史一脚跨进民国,国门打开,从以前的千年不变到现在的十年一变，令人眼花缭乱、目眩神迷——这就是张爱玲的曾外祖父李鸿章所说的"三千年未有之大变局"。政体在变，生活在变，服装当然也随之改变，服装的改变是生活巨变的标志之一。国人的心变了，女人们的内心也开始变得骚动不安，长袍马褂、短袄裙衫已没办法裹住她们骚动的心灵。这里有一个必要的前提，就是中西文化的大融合，这种融合无论内涵与外延都远远超过胡汉融合。这种大融合并非和风细雨，而是疾风暴雨。这是摇摇欲坠、难以为继的清王朝在船坚炮利的西方文明高压下必定要引发的剧烈震荡。为了应付欧洲文明大爆炸引发的冲击波，清廷出现了一批洋务派，以李鸿章为主导。洋务运动开始在中国内陆走向繁荣：建立现代银行体系、现代邮政体系、铺设铁路、架设电报网络。设立翻译机构同文馆、新式教育（新学）、培训技术人才。洋务派提出"中学为体，西学为用"的救国方略，派遣大批留学生到国外学习，从前军阀的私人武装改编成新军。从前的私塾、书院一律改成新式小学，教授外语与数理化。在中国学生和军人中最先出现了西式学生的操衣、操帽与西式军装、军帽。大批出洋留学的学生一个个脱下长袍马褂，穿

张爱玲手绘：夫主与奴家。

张爱玲手绘：大学女郎。

上了西装。

　　洋装的输入，提供了评判美的另一种参照系，直接影响社会服饰观念的变更。绝不仅仅是服装观念，包括服装在内的方方面面在民国以后都发生了翻天覆地的变化——女人们的审美观早开始蠢蠢欲动。张爱玲说："当时欧美流行着的双排纽扣的军人式的外套正和中国人凄厉的心情一拍即合。然而恪守中庸之道的中国女人在那雄赳赳的大衣底下穿着拂地的丝绒长袍，袍衩开到大腿上，露出同样质料的长裤子，裤脚上闪着银色花边。衣服的主人翁也是这样的奇异的配搭，表面上无不激烈地唱高调，骨子里还是唯物主义者。"社会生活的风云激荡反映到服装上就是缓缓渐进。"近年来最重要的变化是衣袖的废除（那似乎是极其艰难危险的工作，小心翼翼地，费了二十年的工夫方才完全剪去）。同时衣领矮了，袍身短了，装饰性质的镶滚也免了，改用盘花纽扣来代替，不久连纽扣也被捐弃了，改用揿纽。总之，这笔账完全是减法——所有的点缀品，无论有用没用，一概剔去。剩下的只有一件紧身背心，露出颈项、两臂与小腿。现在要紧的是人，旗袍的作用不外乎烘云托月忠实地将人体轮廓曲曲勾出。革命前的装束却反之，人属次要，单只注重诗意的线条，于是女人的体格公式化，不脱衣服不知道她与她有什么不同。"

服装渐变与西风渐进步调一致，旗人之袍在日后演化为融贯中西的新型款式，其实就是欧风美雨浸淫的结果，意味着中国现代化的开始。辛亥革命风暴骤起，推翻了中国历史上最后一个封建王朝，民国的出现为西式服装在中国的普及清除了政治障碍，同时也把传统苛刻的礼教与风化观念丢在了一边。服制上等级森严的种种桎梏彻底解除，服装走向平民化、国际化的自由变革水到渠成，旗人之袍从此卸去了传统沉重的负担。随着满族政权的消亡，旧式旗人之袍开始被人们抛弃，人们忙于追慕西式风潮，万事俱备，东风正起，新式旗袍开始华丽登场。

女权主义者的旗袍

文化的中心必定是经济的中心，甚至是政治的中心，只有文化的中心才能有对外辐射影响力的能力，上海当时在中国就扮演着这样的角色。时尚总是出现在文化中心，就如同旗袍出现在上海，也只能出现在上海。

作为现代文明在中国的一块"飞地"，孤岛上海在殖民统治者手中出现了离奇的繁荣。一夜之间欧洲现代文明被复制、粘贴到上海这片荒滩上。宽敞马路开出来了，摩天大楼造起来了，中国人完全陌生的现代文明全方位海啸般扑来：电灯与电话、洋房与沙发、雪茄与香水、明星与舞女、爱司头与高跟鞋、百乐门与爵士乐、霓虹灯与留声机、跑马场与电影院、狐步舞与威士忌、时装剧与夏时制、电梯公寓和《大美晚报》、印度仆人和法国厨子、茅盾的《子夜》和鲁迅的杂文、好莱坞电影和巴黎流行色、勃朗宁手枪和法兰绒猎装、雪铁龙汽车和章回体小说、美女月份牌和美丽牌香烟、分红式保险和助学式贷款——当西方列强借中国人敬神祭祖的火药轰开中国大门后,在一个又一个不平等条约中,现代文明全方位开始进入中国,仅仅在开埠时期的上海,各国银行不计其数。与金融相关的保险、证券业在上海也空前繁荣,轮船公司、百货公司、电影公司、汽车公司、自来水煤气公司、招商局、邮政局如雨后春笋。那时候,达官贵人就在百乐门跳舞、喝咖啡、听爵士乐通宵达旦,黎明时分才出来,印度仆役弯腰为其打开车门,人行道上有骑自行车的送奶工经过,环卫工人推着新颖漂亮的马路清扫机。

上海作为一个世界级的大都会迅速发育成熟,到了20世纪初期,它已是一个规模、体制、文化上相当完善的现代意义上的大都会。上海滩由此一红惊天,成为远东第一大都会。华洋并处,五方杂居,十里大洋场、奢靡繁华地。对女性的尊重是现代文明的标志,女权意识的觉醒也是现代文明的重要标志。作为妇女寻求解放的重镇,上海的传教士、革命党与洋行买办竞相创办女学,掀起了一股女权运动浪潮。张爱玲母亲黄逸梵无法忍受丈夫张廷重抽鸦片、养小妾等种种恶习,毅然决然与之离婚离家出走,最后出洋留学。当时易卜生一部著名的话剧叫《娜拉》在上海风行一时,女人为了自由与独立离家出走成为全上海热议的话题,黄逸梵与张爱玲的姑姑张茂渊都看过这部话剧。张爱玲对此耳熟能详,她当时热衷一本女性杂志《玲珑》,她说女生人手一册《玲珑》。《玲珑》是一本女性杂志,它借助于西方审美标尺发动了一场轰轰烈烈的中国女性解放运动,利用西方电影女星的镜像力量激励着中国传统女性尽快摆脱小家碧玉式的贤淑形象,它倡导女性摩登、现代与独立,对男性美也特别推崇:"我们不以容有粉脂气的男子为美,我们也不以身躯魁梧的男子为美,因为男性的美和女性的美一样,不在清瘦,也不在乎非肥胖,而在乎全身肌肉的健全发达,击剑是男性锻炼健美最直接的门径,银幕上的李嘉白率尔莫斯、雷门伐诺罗、范朋克都是我们提倡男子由击剑而锻炼成健美的好模范。"更石破天惊的是,它会刊登裸体照片,公开谈论男女性爱的地点、气氛与体位。

经济的繁荣、文化的包容、社会的开放,必然带来人格的独立、心灵的解放,导致女权主义空前高涨,女性从身体到心灵的大梦初醒,便是从老上海这一代人开始。所以我们看到1930年代,当深山里女人像牲畜一样被任意买卖的时候,老上海的女人们却信奉爱情至上、自由万岁,稍不满意便像娜拉一样离家出走,从来没有哪一代女人像张爱玲她们这样自由与独立——爱我所爱的情人,我的爱情就是发自我的内心,我的身体只服从内心召唤。

张爱玲手绘:跳舞的女人。

社会风气决定了服装式样,旗人之袍最终在上海演变成了摩登旗袍。

旗袍的作用不外乎烘云托月

于是,我们终于看到了全国妇女突然一致采用旗袍。这句话出自张爱玲语录:"五族共和之后,全国妇女突然一致采用旗袍,倒不是为了效忠于满清,提倡复辟运动,而是因为女子蓄意要模仿男子。在中国,自古以来女人的代名词是'三绺梳头,两截穿衣'。一截穿衣与两截穿衣是很细微的区别,似乎没有什么不公平之处,可是1920年的女人很容易地就多了心。她们初受西方文化的熏陶,醉心于男女平权之说,可是四周的实际情形与理想相差太远了,羞愤之下,她们排斥女性化的一切,恨不得将女人的根性斩尽杀绝。因此初兴的旗袍是严冷方正的,具有清教徒的风格。"这是旗袍初起的风格。

旗袍的出现是远古与现代的奇异嫁接,一开始的"严冷方正"是符合中国现实的，女人的胆怯在服装上表露得一览无余，再开放的女人在试水之前必定有过犹疑与怯懦，首先肯定表现在裁缝下剪时的迟疑。在他们的剪刀之下，如此破天荒的大尺寸、大尺度是划时代的，裁缝师与女人还没有来得及做好心理准备。但是旗袍又是东方与西方的奇妙融合，张爱玲也说"她们初受西方文化的熏陶，醉心于男女平权之说"，西方文化的熏陶就是让女人们将重重包裹下的身体与心灵解放出来，因为当今的海派女人再不是过去裹三寸金莲成天"囚禁"于绣楼帮女红的女人，旗袍在上海滩的华丽登场正是应运而生。世上万事万物全都是应运而生，一旦逆运，就不可能出现、发生。社会的开放荡涤着服饰装扮上的陈规陋习，服饰也一扫清朝矫饰之风，趋向于简洁，色调力求淡雅，注重体现女性的自然之美。其实女性美的本身就是自然之美，她们追求美也体现美，如果没有美的女性和女性之美，那么这个世界该是多么单调、乏味？张爱玲一往情深的织锦缎开始花团锦簇地出现在上海街头。织锦缎是制作旗袍的最好面料，张爱玲就拥有很多件织锦缎旗袍。在女人眼里，穿着的衣裳是有温度有情感有生命的，代表着自己生命的一个阶段，就是逝去的自己的某一部分，甚至会记忆起自己穿这样的织锦缎时的所作所为：初恋、结婚或远走他乡。那一段时光早已流逝，而衣裳仍在，记忆仍在，情感仍在。

这份对服装的爱恋之心就是爱美之心，它给女人带来尊严与自信，女人的尊严与自信更多地来自于自身的美，社会没有条件给她们提供更广阔的人生舞台，她们一向是作为男人的附庸而存在。但是民国以后，特别是上海滩崛起于东方之后，社会生活较之以前有了很大的不同，女人们以交际花、女明星、女作家等身份闪亮登场。较之于庸常女性，交际花、女明星、女作家观念开放、思想超前，摩登旗袍最早就在她们这一拨人身上率先出现，因为她们比任何女人都更加关注自我本身——身体是美的载体，也是美的呈现。张爱玲对此看得很清楚："现在要紧的是人，旗袍的作用不外乎烘云托月忠实地将人体轮廓曲曲勾出。革命前的装束却反之，人属次要，单只注重诗意的线条，于是女人的体格公式化，不脱衣服不知道她与她有什么不同。"

张爱玲眼光毒辣之处就在于仅凭寥寥数语，就精确地道出旗袍的价值与意义，它之所以受到摩登女性的欢迎，最后受到全国女性的呼应，道理就在于此。在张爱玲看来："我们的时装不是一种有计划有组织的实业，不比在巴黎，几个规模宏大的时装公司如Lelong's、Schiaparelli's，垄断一切，影响及整个白种人的世界。我们的裁缝却是没主张的。公众的幻想往往不谋而合，产生一种不可思议的洪流。裁缝只有追随的份儿。因为这缘故，中国的时装更可以作民意的代表。"这股"不可思议的洪流"就是旗袍，像春风吹开漫山遍野的春花，像春江解冻一江春水浩荡，它冲破千古不变的传统对女人们身体与心灵的禁锢，给人类所寄身的滚滚红尘送来姹紫嫣红与霓裳缤纷。

抄袭是最隆重的赞美

旗袍最初以马甲的形式出现在上海滩，这种织锦缎的马甲与后世男人的短马甲不是一回事。初在上海滩现身的旗袍马甲长及足背，长长的飘逸的，女性的玲珑身段与妖娆之美尽显无疑。这破天荒的服装一夜之间引领时尚风潮，据说得风气之先的上海女学生是旗袍流行的引领者。当时的女学生作为知识女性的代表，是文明的象征、时尚的先导，以至社会名流、青楼女子与交际花等时髦人物都纷纷作女学生装扮。又有一说是女学生只是旗袍的改良者，旗袍最先是出现在敢第一个吃螃蟹的青楼女和交际花身上。这个问题现在看来就是一笔糊涂账，像是先有鸡还是先有蛋一样令人糊涂。还是张爱玲旁观者清，她说："究竟谁是时装的首创者，很难证明，因为中国人素不尊重版权，而且作者也不甚介意，既然抄袭是最隆重的赞美。最近入时的半长不短的袖子，又称'四分之三袖'，上海人便说是香港发起的，而香港人又说是上海传来的，互相推诿，不敢负责。一双袖子翩翩归来，预兆形式主义的复兴。最新的发展是向传统的一方面走,细节虽不能恢复,轮廓却可尽量引用,用得活泛,一样能够适应现代环境的需要。旗袍的大襟采取围裙式,就是个好例子,很有点'三日入厨下'的风情,耐人寻味。"

"一双袖子翩翩归来,预兆形式主义的复兴",张爱玲一针见血,旗袍的美就是一种形式美,由实用到形式,由繁复到简洁,这是旗袍一路演化的方向,演化到最后,就是张爱玲笔下的:"所有的点缀品,无论有用没用,一概剔去。剩下只有一件紧身背心,露出颈项,两臂与小腿。"

这是最初的开放与摩登,只是露出颈项、两臂与小腿。女人不会满足,世人也永远不会满足,等到高开衩旗袍被女学生、女职员抄袭与克隆的时候,旗袍的霓裳之花已经花开荼蘼、烂漫难收。张爱玲说得真好,"抄袭就是隆重的赞美",时尚与流行就是互相抄袭,赞美最好的表达就是抄袭。不管怎么说,旗袍之花已在海上缓缓绽放,以她的万种风情与东方神韵征服了一代又一代东方女性:开衩、印花、镶边、纯色,或高雅端庄、性感魅惑,或古典含蓄、楚楚动人,再普通的女人只要穿上旗袍也会平添出几分诗意与无限风韵。但是想要将旗袍的味道完全呈

老上海的歌手,从周璇到李香兰,每一个人都酷爱旗袍。

现出来，确实需要一番内在的功力，对不同旗袍的驾驭也需有不同的内在气场。旗袍有一种内在气质，有一份只属于它的生命。它是一袭有生命有温度的衣裳，对穿着者的身材要求很高，而且对举止、步态也有很高的要求。一个女性要是选择旗袍，就必定要收敛起锋芒，缩小脚步，然后优雅起来，感性起来。旗袍发展到这个阶段，已经进入全盛时期，基本廓形已臻于成熟。这种产生于辛亥革命之后，北伐战争时期始渐流行的新式女装中西合璧、兼收并蓄，最终成为近代中国女子的标准服装，在中国人记忆中留下浓墨重彩的一笔。于是，在老上海那片迷人的夜色中，我们看到一个个老上海穿旗袍的女主角闪亮登场：从苏青到周璇，从张爱玲到阮玲玉，古典之美宛若海上旧梦，风华绝代绽放花样年华，华洋杂交的华丽情缘，殖民色彩的古典情结。她们是老上海的女主角，穿旗袍的倩影，将会一直烙印在老上海的封面上。

第四章

男 / 子 / 衣 / 装

"男装的近代史较为平淡。只有一个极短的时期,民国四年至八九年,男人的衣服也讲究花哨,滚上多道的如意头,而且男女的衣料可以通用,然而生当其时的人都认为那是天下大乱的怪现状之一。目前中国人的西装,固然是谨严而黯淡,遵守西洋绅士的成规,即使中装也长年地在灰色、咖啡色、深青里面打滚,质地与图案也极单调。男子的生活比女子自由得多,然而单凭这一件不自由,我就不愿意做一个男子。"

——张爱玲

灰布长衫：含有僧尼气息

张爱玲在《封锁》里写过一件灰布长衫："该死，董培芝毕竟看见了他，向头等车厢走过来了，谦卑地，老远地就躬着腰，红喷喷的长长的面颊，含有僧尼气息的灰布长衫——一个吃苦耐劳、守身如玉的青年，最合理想的乘龙快婿。"

灰布的长衫，而且含有僧尼气息，是适合这样一个吃苦耐劳又守身如玉的青年，这时候上海滩正在封锁，张爱玲时代的上海常常封锁，"庞大的城市在阳光里打了盹着了，重重地把头搁在人们的肩上，口涎顺着人们的衣服缓缓流下去，不能想象的巨大的重量压住了每一个人。上海似乎从来没有这么安静过——大白天里"，如果这时候静安寺或龙华寺的钟声响起来，偌大的上海就像寺庙一般安静吧？所以让人难以忘记张爱玲笔下那个青年，他穿着一件含有僧尼气息的灰布长衫。《封锁》里的衣着好像都有讣闻之气，吴翠远也是这样——张爱玲是这样描写她的衣着："老头子右首坐着吴翠远，看上去像一个教会派的少奶奶，但是还没有结婚。她穿着一件白洋纱旗袍，滚一道窄窄的蓝边——深蓝与白，很有点讣闻的风味。她携着一把蓝白格子的小遮阳伞。头发梳成千篇一律的式样，唯恐唤起公众的注意。然而她实在没有过分触目的危险。"——一件有讣闻风味的白洋纱的旗袍，还滚着一道窄窄的蓝边，这与那个守身如玉青年的一身僧尼气的长衫遥相呼应，颇有异曲同工之妙。

应该说，所有的灰布长衫穿起来都有僧尼气息，所有滚蓝边的白旗袍穿起来也都有讣闻的味道。此种意韵张爱玲身上亦有——1947年，张爱玲整理出版了《传奇（增订本）》，封面是炎樱设计的，借用了晚清一张仕女图，中间的女士着圆领宽袍，月白色滚蓝黑的边，一股僧尼气息。就在这画面之上，一个大而模糊的人形探入画面，一如鬼魅，鬼魅好奇地往里窥探。张爱玲对此解释是："那是现代人——如果这画面有使人感到不安的地方，那也正是我希望造成的气氛。"

其实张爱玲笔下的灰布或青布长衫是当时读书男子的标准服装，古往今来的中国书生，都着一袭长长飘逸的旧布长衫，文人风骨尽显无疑。看过一张胡适晚年的照片，不知从什么地方载誉归来，一身半旧的灰布长衫，微微的笑脸。胡适是很帅的，老了还是帅的那种男子，眉眼之间一股英气，又是才高八斗，配上这一身半旧的青布长衫，别说女人，男人看了也会喜欢。

在张爱玲笔下，女人的衣裳如锦似绣，男人的衣服很少提及，仿佛男人不穿衣服，或者就是一身布长衫。在《更衣记》中她曾写道："男装在近代史上较为平淡。只有一个极短的时期，民国四年至八九年，男人的衣服也讲究花哨，滚上多道如意头，而且男女的衣料可以通用。然而生当其时的人都认为那是天下大乱的怪现状之一。目前中国人的西装，固然是谨严而黯淡，遵守西洋绅士的成规，即使中装也长年地在灰色、咖啡色、深青里面打滚，质地与图案也极单调。男子的生活比女子自由得多，然而单凭这一件不自由，我就不愿意做一个男子。"

半旧的布长衫因为是布制的，就显得朴素而沉静，因为半旧，又容易让人生出怀旧与恋旧的心情，长长的布衫，穿在高瘦的穷书生身上，才显出飘逸之美，那个泛黄的二三十年代，那些创办《新青年》《小说月报》《新月》的旧式文人，梁实秋、徐志摩、俞平伯、沈从文、郁达夫、朱自清——谁没有一身半旧的青布长袍？那是一个兵荒马乱的年代，却又风云际会，作品辈出，像三月春江涨桃花汛，旧式文人多如过江之鲫，一路追逐桃花流水，海上的风迎面扑来，布长衫鼓荡起来，就像一面旗帜——半旧的灰布长衫，应该是旧式文化人的"制服"。

米色绿方格的兔子呢紧身袍

张爱玲有一次在电车上碰到一个男子,用"米色绿方格的兔子呢制了太紧的袍,脚上穿着女式红绿条纹短袜,嘴里衔着别致的描花假象牙烟斗,烟斗里并没有烟。他吮了一会,拿下来把它一截截拆开了,又装上去,再送到嘴里吮,面上颇有得色。乍看觉得可笑,然而为什么不呢,如果他喜欢?"

这个穿着打扮出格另类的男子简直就是上海男版张爱玲,比起张爱玲的夹被做旗袍或沙发套当披肩,有过之而无不及。张爱玲认同他一点不奇怪,他俩在一起应该惺惺相惜。

男人的衣裳过分单调,单调到张爱玲提不起兴趣来写,像这个穿兔子呢紧身袍、注重打扮的男子,张爱玲一生可能只碰上一次,所以她浓墨重彩地将他记下来。在她的小说中,男人穿衣写来写去就是几件青布袍,青布衫——"男人都是一样的。有一个仿佛稍微两样点,对过药店的小刘,高高的个子,长得漂亮,倒像一个女孩子一样一声不响,穿着件藏青布长衫,白布袜子上一点灰尘都没有,也不知道他怎么收拾得这样干净,住在店里,也没人照应。"这是《怨女》里的一个场景,女孩子暗恋对过药店的男孩子,男孩子长得像女孩子一样漂亮,他这样的男孩子不会穿兔子呢的紧身袍,只会穿藏青布长衫。在《五四遗事》里,张爱玲写过两个青年男子:"身材较瘦长的一个姓罗,长长的脸,一件浅色熟罗长衫在他身上挂下来,自有一种飘然的姿势。"

电车上那个"用米色绿方格的兔子呢制了太紧的袍,脚上穿着女式红绿条纹短袜,嘴里衔着别致的描花假象牙烟斗的"男子,他多少有点矫情,有点造作,其实他着装更接近张爱玲,但张爱玲对他只有欣赏——欣赏和爱恋是两码事。

身上穿着湖色熟罗对襟褂

《琉璃瓦》里姚先生特别幽默，他有一位多产的太太，生的又都是女儿，亲友们根据古代生女生男"弄瓦、弄璋"的说法，叫他太太为"瓦窑"，姚先生却不生气，微微一笑道：我们的瓦，是美丽的瓦，是琉璃瓦。姚先生的衣着打扮甚合人意，"他站起身来，一只手抱着温暖的茶壶，一只手按在口面，悠悠地抚摸着，像农人抱着鸡似的。身上穿着湖色熟罗对襟褂，拖着铁灰排穗裤带，摇摇晃晃在屋里转了几个圈子，口里低低吟哦着。"

张爱玲用色很特别，这件湖色熟罗对襟褂就让人犯迷糊，熟罗还可以猜出一二，应该是绫罗的一种，生产工艺不同吧——生丝后面紧跟着应该就是熟罗，对襟褂也明白，似乎小的时候老人还穿过这种对襟褂。只是湖色不明白是什么颜色，有湖蓝色，但是有湖色么？还是湖水的颜色？——想象中应该是一种青灰色，春江涨水的颜色，是豌豆叶反面的颜色，男子穿着这种颜色对襟褂是很别致的，正适合姚先生，能说出"我们的瓦，是美丽的瓦"，"我们的是琉璃瓦"的先生，应该品位亦不俗。

琉璃瓦们到底有多美丽？你看张爱玲笔下："三朝回门，珍珍褪下了青狐大衣，里面穿着泥金缎短袖旗袍，人像金瓶里的一朵栀子花。淡白的鹅蛋脸，虽是单眼皮，而且眼泡微微的有点肿，却是碧清的一双妙目。夫妻俩向姚先生姚太太双双磕下头去。"——姚先生有大大小小七个女儿，据说一个比一个美，不知道这个珍珍是姚家老几。青狐大衣，泥金缎短袖旗袍，人像金瓶里的栀子花，标准的古典美人。曲曲好像是老三，她的着装与珍珍又是不同，"曲曲蹲在地上收拾着，嘴上油汪汪的杏黄胭脂，腮帮子上也抹了一搭。她穿着乳白冰纹绉的单袍子，粘在身上，像牛奶的薄膜，肩上也染了一点胭脂晕"。曲曲的美并不逊色于珍珍，底下还有心心，张爱玲写心心最用心，"心心对着镜子，把头发挑到前面来，漆黑地罩住了脸，左一梳，右一梳，只是不开口。隔着她那藕色镂花纱旗袍，胸脯子上隐隐约约闪着一条绝细的金丝项圈"。

张爱玲笔下的琉璃瓦确实美丽迷人，张爱玲毕竟有绘画功底，她很会用色，她的颜色全是迷死人的颜色——琤琤的泥金缎短袖旗袍、曲曲的乳白冰纹绉的单袍、心心的藕色镂花纱旗袍，每一件看起来都五彩缤纷；另外再加上纤纤、瑟瑟、端端和籁籁的衣裳，所有的香水锦缎环绕着姚先生的湖色熟罗对襟褂，那该是怎样一种华丽缘？除了湖色熟罗对襟褂，张爱玲笔下还提到过一款蓝竹布罩褂："她身穿一件簇新蓝竹布罩褂，浆得挺硬。人一窘，便在蓝布褂里打旋磨，擦得那竹布淅沥沙拉响。"张爱玲笔下经常提到蓝竹布——百度不到这是一种什么布，依稀小时候听说过，也看到过，是一种秋天或夏天穿的薄棉布，一种很迷人的蓝布，适合于有点落魄的文化人或有品位的小姐，亦适合于黄磊或董洁这样的知性演员。

与张爱玲同时代的作家张恨水亦经常提到这种布，是那个时代流行的布料，比如《金粉世家》里："一匹驴子上，坐着一个女子，穿了蓝竹布长衣，撑了一柄黑布伞，斜搁在肩上，看那身材，好像是清秋。他情不自禁地哎呀了一声，就跑了几步，追上前去。正在这时，凤举把汽车夫已找着了，在后面大叫燕西。当他大叫的时候，那驴子停了一停"，蓝竹布长衫就应该由叫清秋的女孩子穿着，还打着一把布伞。这样的情节在《啼笑因缘》里也多的是，"身上穿的旧蓝竹布长衫，倒也干净齐整。手上提着面小鼓，和一个竹条鼓架子。她走近前对那人道：'二叔，开张了没有？'那人将嘴向家树一努道：'不是这位先生给我两吊钱，就算一个子儿也没有捞着。'那姑娘对家树微笑着点了点头"。蓝竹布长衫就是给这样的穷艺人穿的，当然还有穷书生，富商是不屑穿的，他们要选择绫罗绸缎——穷书生穿蓝竹布长衫最有味，一定要熨烫得平平展展（没办法，死要面子活受罪），那蓝色，已洗得微微发白，有点寒酸，但更是素朴，素朴之中掩盖不了才华横溢与倜傥风流。竹布衫就是这样，与油纸伞、线装书、青石弄、水墨画最相宜，它们缺一不可，它们相得益彰，共同把那个苍白瘦削满腹经纶的书生推向经典。

张爱玲笔下蓝竹布罩褂是蓝竹布衣衫的一种，竹布做成罩褂终不如罩衫有味道，而且还是簇新的，那旧旧的味道更出不来。张爱玲有次写到她弟弟张子静，"有一次放假，看见他，吃了一惊。他变得高而瘦，穿一件不甚干净的蓝布罩衫，租了许多连环图画来看"。不甚干净的蓝布罩衫，正适合张子静这样的人，这时候张家已开始没落，房子越住越小，张子静也只能穿蓝布罩衫和白球鞋。等他长到青年时，他成了一个穷教员，连一块送给对象的手表也买不起，一辈子没有成家——这有点接近于鲁迅笔下的孔乙己了，孔乙己就是长年穿一件蓝竹布罩衫，他的蓝竹布罩衫很肮脏。张子静穿蓝布罩衫只是有点落魄，而孔乙己穿蓝衫的形象是潦倒，一件肮脏的蓝衫，就像打败仗部队的破旗子。

已过时的泛黄的白西服

张爱玲很少写到西装，潜意识里，她可能并不太接受这种中规中矩、千篇一律的西式服装，好像与她特立独行的个性犯冲。有一次炎樱带她去见父亲的一个老朋友，那一套泛黄的白西装把她吓得不轻。

那一次是炎樱父亲老友请炎樱看电影，炎樱不想一个人去，一定要拖上张爱玲，父亲的老朋友请女孩子看电影，张爱玲总觉得怪怪的，不想去，可架不住炎樱的再三邀请，何况她又是个铁杆影迷，就硬着头皮跑出去，结果看到那件泛黄的白西装："迎面走过来一个大约是五十岁上下的男人，个子很高，但瘦得似乎只剩骨架了，穿着一身十多年前已过时的泛黄的白西服，整个人像毛姆小说里流落远东或南太平洋的西方人，皮肤与白头发全都是泛黄的脏白色，形象很脏，只有一双缠满了血丝的麻黄大眼睛表明他像印度人。"想象中请女孩子看电影的，应该是风度翩翩的绅士，西装笔挺头发乌亮，没想到白西装倒是穿了，却脏得发黄，眼睛缠满血丝，人瘦得只剩下骨架，一个潦倒的香港流浪汉形象

——而且那么穷，多了一个张爱玲，就再也买不起第三张电影票，只得将两张座位最差的电影票塞给她们，转身就走。张爱玲是爱看电影的，但这样的电影她无论如何都看不下去，眼前老是飘浮着那件脏得发黄的白西装——不久以后，她将这个流浪汉写成了小说《连环套》。

　　张爱玲笔下也有西装革履，只是比较少，比如易先生"穿着灰色西装，生得苍白清秀，前面头发微秃，褪出一只奇长的花尖，鼻子长长的，有点鼠相"，又比如"一个穿西装的印度店员上前招呼。店堂虽小，倒也高爽敞亮，只是雪洞似的光塌塌一无所有"。西装在她笔下是干巴巴的，远不及那些旗袍裙袄有声有色。她的密友炎樱也不爱西装，对服装的审美不在张爱玲之下，她写过一篇长文《女装，女色》，堪比张爱玲的《更衣记》。在香港读大学时，有许多女人用方格子绒线毯改制成大衣，毯子质地厚重，又做得宽大，方肩膀，直线条，炎樱形容"整个地就像一张床，简直是请人躺在上面"。她自己则喜欢穿西式裙子搭配一些中国古色古香的装饰，或穿连衣裙，在脖子上加一绣花的像儿童围嘴的装饰。或上穿杭州丝绸衬衣，下系西式裙子，腰间系一条猩红的流苏。总之是中西混杂，能够披挂上阵的零配件统统拿来，一个都不能少，一样也不浪费。而张爱玲则喜欢穿鹅黄色缎子旗袍，下摆挂着长达四五寸的流苏，那种打扮只有在舞台上才看得到，即使大学周六下午开舞会，也不会有人穿那种衣服，亮晶晶的耀眼。她就这样穿，和炎樱一胖一瘦相映成趣地走在校园里，很多学生看着她俩，不停地咬耳朵："她们是谁？""是插班生吗？""哪来的？""穿得好怪。"表面上她们不动声色，内心里则得意得飘飘欲仙。

　　从个人审美敏感来说，张爱玲要比炎樱更强一点，张爱玲仅凭一件脏得泛黄的白西装就写出一篇小说来，炎樱就没有这个本事。

紧身对襟柳条布棉袄

　　张爱玲一向喜欢宽袍大袖，但她对紧身衣裙也很喜欢，她笔下就写过许多紧身的袍子与裙子——霓裳衣饰就是这样变来变去,一会儿宽松,一会儿窄紧,一会儿修长,一会儿短促——这一松一紧一长一短,可能就是时尚佻挞与妩媚的所在。

张爱玲笔下写紧身衣最多,随便翻到一页,就有如下文字:"睨儿答应着走了出来。她穿着一身雪青紧身袄子,翠蓝窄脚裤,两手抄在白地平金马甲里面,还是《红楼梦》时代的丫环的打扮。惟有那一张扁扁的脸儿,却是粉黛不施,单抹了一层清油,紫铜皮色,自有妩媚处。"雪青的颜色,是张爱玲最钟情的颜色,这袄子已经很紧了,还配一条翠蓝窄脚裤,上上下下都是干净利落的紧逼,倒是很适合睨儿的身份——关于紧身衣,张爱玲自有一番妙论,"在政治动乱与社会不靖的时期——譬如欧洲的文艺复兴时代——时髦的衣服永远是紧匝在身上,轻捷利落,容许剧烈的活动。在十五世纪的意大利,因为衣裤过于紧小,肘弯膝盖,筋骨接榫处非得开缝不可。中国衣服在革命酝酿期间差一点就胀裂开来了。'小皇帝'登基的时候,袄子套在人身上像刀鞘。中国女人的紧身背心的功用实在奇妙——衣服再紧些,衣服底下的肉体也还不是写实派的作风,看上去不大像女人而像一缕诗魂。"——张爱玲的论断当然是主观的个人式的,很多甚至是牵强附会,但起码有一点我比较认同,那就是她完全是从文学的角度,从女人的角度,一件衣裳,一百个女人会说出一百种意见,为什么店里一件很难看的衣服最终也会被人买走?那就是在别人眼里,它很漂亮,起码是不难看的。

紧身衣服到今天也是很好看的——应该这样说,从没有难看的衣服,只是看穿在什么样的人身上,或者说怎么穿——张爱玲写过一件紧身对襟柳条布棉袄,"那人蹲在一层一层的陈列品的最高层上,穿着紧身对襟柳条布棉袄,一色的裤子,一顶呢帽推在脑后,街心悬挂着的汽油灯的强烈的青光正照在他广东式的硬线条的脸上,越显得山陵起伏,沟壑深沉"——紧身的,还是对襟的,柳条纹,还是布的,可能是棉布的,这样的棉袄即便在今天也是很新潮的,穿在时髦小伙身上会很好看，这样的粗棉布棉袄最让我心仪，我曾穿旧过三件。现在张爱玲笔下这件对襟的，柳条纹的，仍然让我痴迷——尽管它是紧身的。

张爱玲说紧身衣穿在女人身上，看上去像一缕诗魂。那么男人呢？一袭紧身棉袄的文弱书生，看上去只能像书卷，就是卷得紧紧的握在文人手中的旧杂志。

蓝印花布兜：怀旧与诗意

北方村街上，章能才带着沈韶华来逛街，元隆号布店里，一匹印花布搁在台板上，蓝底清静，白花素朴——那也是一只蓝印花布兜，是乡村才有的暧昧与抒情，怀旧与诗意。

这是电影《滚滚红尘》里的镜头，凉薄的蓝印花布，像一面旗帜，从滚滚红尘中升起，在村街上飘摇。如果要绣几个字，应该就是"岁月静好，现世安稳"。张爱玲一生端坐在滚滚红尘中，作为一个女人，她的渴望像泥土一样单调，野草一样平常，也就是"岁月静好，现世安稳"。曾经的她最喜爱宝蓝色，在电影里，严浩将宝蓝的蓝还原成蓝草的蓝，不是兰草，是蓝草。同样一个"蓝"字，宝蓝与靛蓝决然不同，宝蓝是富贵的炫目，靛蓝有乡间的幽静。老上海红尘万丈，宝蓝明亮如夏日蓝天，是张爱玲的独特发现，一片亮烈的蓝，让人想起金属。而蓝草的蓝只属于乡村，一如芦花的白与菜花的黄，是植物的色彩，温和而质朴。多年以前，白芦花雪花一样飘飞，黄菜花洪水一样泛滥，民间艺人挑着细篾竹箩从长长的板桥上经过，走进我童年那个乡愁弥漫的村落，然后一声吆喝：扎青，染蓝——民间艺人带着浓郁的蓝草气息，一双蓝色的手伸出来，像传说中的神仙。

"扎青——染蓝！"的吆喝，《滚滚红尘》中玉兰应该听到过，她是生活在小说中的人，是另一个张爱玲。在章能才眼里，他其实更爱玉兰，或者说他更需要玉兰，所以章能才这样对沈韶华说："在这里，她不能跟你比。"沈韶华闻言立眉大怒："拿我跟那个女人比？"对沈韶华

蓝印花土布。

来说，穿一身碎兰花旗袍与章能才共坐一辆黄包车，才会令她心花怒放。或者一身浅咖啡色旗袍，前袖后襟布满小花生样纹饰，头顶有枝型吊灯，面前是飘摇烛光，外国侍者的小提琴如泣如诉……这是《滚滚红尘》中动人的一瞬，包括沈韶华用一件猩红的披风缠裹住两个人翩翩起舞——这其实是一场优雅的心灵之舞，爱情就是心灵舞蹈，猩红色披风一如燃烧的火焰，相爱的人投入激情，然后在欲火中焚身。

蓝印花布兜只是闲闲一笔，它无论出现在哪儿都是闲闲的静静的，都可以一笔带过，甚至被忽略。老上海红尘滚滚乱花迷眼，一如隔壁商人送给沈韶华的七色锦缎——然而你不得不承认，最美的最令人难以忘怀的，还是严浩巧妙布下的那只蓝印花布兜，它里面装着最古典的中国汉字，还有最诗意的民间颜色。

雪青闪蓝如意小脚裤子

摄影师马元浩有一本书，叫《飘逝的罗裙》，他是个有心人，收集了不少清末民初的女子服饰。民国女子是如何穿着打扮的呢？看马元浩的摄影是一个途径，读张爱玲的小说是另一个途径。

张爱玲对服装的讲究是出了名的，她笔下女主人公的服饰，每一款都按她的审美观来设计。《金锁记》中的曹七巧原是麻油店千金，嫁入豪门后，为了不被人看轻，在衣着上紧追潮流，"身上穿着银红衫子，葱白线香滚，雪青闪蓝如意小脚裤子"。辛亥革命后，一度掀起过女权运动，受男女平等思想的影响，上衣下裤成了女子的时兴装束。二十多年后，曹七巧的女儿长安长成了大姑娘，可仍待字闺中。当有人为她介绍对象时，她"换上了苹果绿乔琪纱旗袍，高领圈，荷叶边袖子，腰以下是半西式的百褶裙"。上面穿旗袍，下面穿百褶裙，这是满汉女装款式交融的结果，高领圈和镶荷叶边的袖子也都是当时的时尚，在母女身上，大时代在嬗变更迭。

雪青闪蓝，这是最典型的张爱玲颜色，如意小脚裤子，大时代背景下女子最时兴的装束。很少有作家像张爱玲这样，对笔下人物衣着细节如此关注。五四以后，汉族城镇女子还是习惯于上穿袄下穿裙，窄袖长袄逐渐向喇叭袖短袄过渡，这时只有旗人才穿旗袍。同为上海作家，在巴金的小说中，你就找不到穿旗袍的女人。巴金的小说对女性服饰描写着墨不多，却极具代表性，蕙"穿一件滚边玉色湖绉短袄，系粉红裙子"——这是五四以后大家闺秀的典型装束。婉儿"穿了一件玉色湖绉滚宽边的袖子短、袖口大的时新短袄，系了一条粉红湖绉的百褶裙"。冯乐山给婉儿做喇叭袖的时髦短袄，原是为了给自己争面子的，这身衣着表明了婉儿的侍妾身份。

张恨水是张爱玲喜欢的作家，可能同姓张吧，张爱玲对他莫名其妙高看一眼，《啼笑因缘》中的陶太太是一个摩登的民国女子，她"穿了一件银灰色绸子的长衫，只好齐平膝盖，顺长衫的四周边沿都镶了桃色的宽辫，辫子中间，有挑着蓝色的细花，和亮晶晶的水钻，她光了一截脖子，挂着一副珠圈，在素净中自然显出富丽来"。长衫的四周边沿都镶了桃色的宽辫，还有挑着蓝色的细花和亮晶晶的水钻——这已是接近张爱玲的用色，只是不像张爱玲那么铺张。

写作与穿衣是张爱玲人生的全部，中学毕业后有极短的时间，张爱玲随母亲生活，母亲给了她两条路，要么早早嫁人，省下学费做衣。要么继续读书，衣裳是没法做了，她选择了后者。可她的爱衣之心不会死，得了一笔奖学金，立马放肆地做了很多衣服。在衣着上，张爱玲与笔下爱穿雪青闪蓝小脚裤的曹七巧惊人的一致，不同的是，曹七巧恋衣只是不想被人看轻，而张爱玲却借衣塑造自己在后世长久不灭的人生传奇。

绣有粉红蟠桃的围嘴

炎樱和张爱玲一样在衣着上喜欢夸张、任性、别出心裁，并且永不满足。张爱玲喜欢把家里被面、窗帘、沙发套等一应物品拿来做服装；炎樱呢，逮到妈妈围巾、小孩围嘴什么的，只要有特别之处，统统不肯放过，比画着要套在身上点缀一下，吸人眼球。

炎樱有次参加一个聚会，就套着个小孩防口水滴落的围嘴子，她后来得意扬扬地告诉张爱玲，她是那天晚上最受欢迎的女嘉宾——原因是聚会到最后玩一种游戏，主持人宣布"向最智慧的鞠躬，向最美丽的下跪，向你最爱的接吻"。许多人跑到她面前来乱吻一气，炎樱认为那天晚上她能成为男士"最爱"，完全取决于那个绣有粉红蟠桃的围嘴。她

张爱玲手绘的摩登女郎。

说:"我穿了黑的衣裳,把中国小孩旧式的围嘴子改了个领圈——你看见过的那围嘴子,金线托出了一连串的粉红蟠桃。那天我实在是很好看。"她在张爱玲面前忍不住自恋起来——她和张爱玲一样,只要好看,什么都敢穿什么都敢戴。

张爱玲和炎樱有一天谈起晚年的衣着,炎樱说:"不管我将来嫁给印度人或是中国人,我要穿印度的披纱——石像的庄严,胖一点瘦一点都没有关系。或者,中国旧式的袄裤。"张爱玲听了很兴奋,说:"我也可以穿宽大的袄裤,什么都盖住了,可是仍旧很有样子;青的黑的,赭黄的,也有许多陈年的好颜色。"外国老太太们倒是开通,红的花的都能穿,大块的背脊上,密密的小白花,使人头昏,蓝底子印花绸,红底子印花布。

后来她们穿了没有?没有,她们没有穿很雅的翡翠绿,也没有戴那种绣有粉红蟠桃的围嘴子,她们就穿近乎宽大的灯笼衣,或绿底白花的毛线衣,她们就是一个毫不起眼的老太太,就像张爱玲笔下的曹七巧。

莫〉负〉红〉颜

QINGGUO QINGCHENG
CHUANYUE SHIGUANG · ZAIJIAN ZHANG'AILING

第五章

民/国/女/子

"女人物质方面的构造实在太合理化了,精神方面未免稍差,那也是意想中的事,不能苛求。"

——张爱玲

黄素琼：停不下来的无脚鸟

一

张爱玲说过这样的话，她母亲黄素琼是停不下来的"无脚鸟"，为何停不下来，因为她是一只"无脚鸟"，她无法停下来，一生只能飞翔，永远飞翔。

从小出身名门，长江水师提督黄翼升的孙女，其父黄宗炎其实是三代单传。到了黄宗炎这一辈，婚后无出，单传的香火继承不下去，黄家就到长沙乡下买下一个小妾。当时黄翼升已去世，黄宗炎在科举考试中中举，承袭了其父爵位，任广西盐法道道台。广西瘴气重，当地有钱人都吸鸦片以避瘴气，黄宗炎不吸鸦片，不到一年就因瘴气而故，年仅30岁。消息传到南京，全家哭作一团，就在此时，那个从乡下买来的姨太太临盆了。家里的空气异常紧张，老爷去世，这个遗腹子是男还是女事关重大。产房里，黄素琼就在众目睽睽之下来到人世，她一声女婴的啼哭让全家人倒吸一口冷气。据说大外祖母听到女婴的哭啼马上倒地昏了过去，全家一阵悲伤哭号，大家丢下产妇和女婴不管，争抢家产。一个佣仆进产房拿东西，突然一声惊叫："快来人哪，里面还有一个！"众太太丫鬟又一窝蜂丢下外祖母拥进产房，一个圆滚滚小西瓜一样的男婴已滚落在雕花木床前的红漆踏板上，这是张爱玲的舅舅黄定柱。

黄素琼是个奇葩女人，作为时尚、摩登的民国女子，她与遗老遗少誓不两立，与小姑子张茂渊却情同姐妹、形影不离，亲戚间甚至在暗传她俩在搞同性恋。她回避旧式家庭的方式是逃。张爱玲说："最初家里没有我母亲这个人，也不感到任何缺陷，因为她很早就不在那里了。有

黄素琼的出生地：南京朱状元巷。

她的时候，我记得每天早上女佣将我抱到她床上去，是铜床，我爬在方格子青锦被上，跟着她不知所云地背唐诗。她才醒过来总是不甚快乐的，和我玩了许久方才高兴起来。我开始认字块，就是伏在床边上，每天下午认两个字之后，可以吃两块绿豆糕。"这应该是在张廷重与黄素琼的婚后不久，他稍稍收敛自己的荒唐，与太太和睦相处，不乏恩爱。但是江山易改，本性难移，他不是不愿意好好对她。可是，他更爱自己，更舍不得让自己受委屈。时间一长，尤其在张爱玲和弟弟出生之后，他管不住自己，又出去鬼混。抽大烟，逛妓院，跟过去的生活完全接轨。黄素琼不能接受，从封建的家庭里走出来，她比别人更向往光明健康的现代生活，"娜拉"就这样出走了："我母亲和我姑姑一同出洋去，上船的那天她伏在竹床上痛哭，绿衣裙上面钉有抽搐发光的小片子。佣人几次来催说已经到了时候了，她像是没听见，他们不敢开口了，把我推上前去，叫我说：'婶婶，时候不早了（我算是过继给另一房的，所以称叔叔婶婶）。'她不理我，只是哭。她睡在那里像船舱的玻璃上反映的海，绿色的小薄片，然而有海洋的无穷尽的颠簸悲恸。"

母亲一走，姨奶奶就公开搬了进来，"家里很热闹，时常有宴会，叫条子"。进入家中的那个叫老八的妓女性格暴躁，与张廷重吵架甚至用痰盂砸破了他的头。张廷重再次抽鸦片，吸毒过量，"离死很近了。他独自坐在阳台上，头上搭一块湿手巾，两目直视，檐前挂下了牛筋绳索那样的粗而白的雨。哗哗下着雨，听不清楚他嘴里喃喃说些什么，我很害怕了"。

  族里人看不下去，赶走了老八，张廷重也表示要痛改前非，他给黄素琼写信要她回来。"母亲回来的那一天我吵着要穿上我认为最俏皮的小红袄，可是她看见我第一句话就说：'怎么给她穿这样小的衣服？'不久我就做了新衣，一切都不同了。我父亲痛悔前非，被送到医院里去。我们搬到一所花园洋房里，有狗，有花，有童话书，家里陡然添了许多蕴藉华美的亲戚朋友。我母亲和一个胖伯母并坐在钢琴凳上模仿一出电影里的恋爱表演，我坐在地上看着，大笑起来，在狼皮褥子上滚来滚去。"张爱玲得意扬扬地写信给一个天津的同伴，极度炫耀她现在的新生活。母亲让她学画画、弹钢琴和学英文，努力将她培养成一个标准的淑女："此外还充满了优裕的感伤，看到书里夹的一朵花，听我母亲说起它的历史，竟掉下泪来。我母亲见了就向我弟弟说：'你看姊姊不是为了吃不到糖而哭的！'我被夸奖着，一高兴，眼泪也干了，很不好意思。"

  可是，"蕴藉华美"的生活是那样短暂。张廷重不是这个新时代的

少妇时代的黄素琼看上去美丽而优雅。

人，他尝到过旧世界的甜头，知道它种种微妙隐晦的可爱，即便它声名狼藉，他对它仍有感情，就算为了妻子，为了家庭稳定愿意洗心革面。可是，把自己从过去中连根拔起，即便血肉模糊也在所不惜，他根本做不到。他很快就故态复萌，照样抽鸦片逛妓院，连家用都不拿出来，想着把妻子的钱耗光了，她就得老老实实地待在家里。他忘掉了一个事实，黄素琼是勇敢的湖南人，宁可壮士断腕，也不愿委曲求全。争吵不可避免地爆发，黄素琼提出离婚，张廷重不愿意。绝大多数男人都不肯离婚，老婆再不好，有一个现成的摆在那里，就不用费什么心思。尽管理论上说以旧换新是个合算的买卖，但是，男女不同就在于这一点，除非已经找到特别可心的下家，男人懒得为一个理论上的东西折腾。何况，黄素琼尽管脾气暴烈，却是一个漂亮的上进的有品位的女人。张廷重对她有一点在乎，珍惜她的好，对她又不那么在乎，可以看轻她的心情与脾气。他又是那么懒散的一个人，多一事不如少一事。

但是尽管张廷重再不情愿，黄素琼去意已决，他们还是到了直面离婚协议书的一刻。他心绪如麻，绕室三匝，笔拿起来又放下。律师转头去做黄素琼的工作，黄素琼用一种非常欧化的语气，简洁明了地说："我的心已经是一块木头。"

她惜字如金，一个字都不想跟他啰唆。张廷重的自尊大受震动，终于，在协议上签了字。离婚后，黄素琼身轻如燕，和小姑子张茂渊再次结伴飞往国外。

二

黄素琼是湖南人，张子静说他妈妈是"勇敢的摩登女性，儿时裹过小脚，成年后一直穿高跟鞋"——湖南多出辣妹子，这位辣妹子是一位传奇女性，放弃阔太太的日子，去国外画画，与徐悲鸿、蒋碧薇都熟悉。去阿尔卑斯山滑雪，还做过尼赫鲁两个姐姐的秘书。想过办皮件厂，从泰国带回许多鳄鱼皮堆放在床底下，准备以后开办厂用。那些鳄鱼皮呈芭蕉叶形状，梅雨天张爱玲和姑姑搬出来晒，拖也拖不动，视为

民/国/女/子

黄素琼，1926年在伦敦。

苦差事。黄素琼做事总是随兴而起，难以持久，出国留学也是如此。学什么样的专业？主攻什么方向？她与张茂渊一无所知。她们迷恋的是留学本身：出洋，行走于伦敦或巴黎，与文人画家交往，参加各式各样的聚会与沙龙，这样的行为本身强烈吸引着黄素琼与张茂渊。在巴黎，她们一度与徐悲鸿、邵洵美、张道藩、蒋碧薇居住在一起。

都是画家与文人，都是风华正茂的世家子弟，在异国他乡见面，那份热情与喜悦自不待言。邵洵美和黄素琼沾亲带故，自然比一般的上海同乡多了一份亲切。当时徐悲鸿根本不出名，与蒋碧薇同居，有时候饭都吃不上，靠蒋碧薇做女佣挣钱养活他。或者到餐馆拣外国人不吃的猪肚子、猪肠子回来做菜吃。某一天晚上黄素琼亲自下厨请邵洵美吃饭，张茂渊当助手。黄素琼特地叫上徐悲鸿与蒋碧薇。当时黄素琼住在四楼，徐悲鸿住在二楼，所以徐悲鸿也不客气。

辗转于欧美各国，来往于文人画家之间，黄素琼并没有学成什么真正的本领，甚至连外国文凭也没有拿回一个。但是她照样乐此不疲，只是长时间把张爱玲丢在国内不闻不问。到后来出国对她来说已成家常便

117

饭，与儿女分离也成为常态。有限的几次相见场景张爱玲记得清清楚楚：有一次回国住在宾馆，黄定柱就住在对面的明月新村。每天到黄定柱家吃饭，过马路时就牵着张爱玲的手。张爱玲与她既亲近又陌生，以至于最平常的母女牵手对她来说，"有一种新鲜的刺激"。张爱玲后来说："在上海我跟母亲住的一个时期，每天都到对街舅舅家吃饭，带一碗菜去，苋菜上市时，我总是捧着一碗乌油油紫红夹墨绿丝的苋菜，里面一颗颗肥白蒜瓣染成浅粉红，在天光下过街，像捧着一盆不知名的西洋盆栽，小粉红花，斑斑点点暗红苔绿相同的锯齿边大尖叶子，朱翠离披，不过这花不香，没有热乎乎的炒苋菜香。"这时候应该是张爱玲逃离苏州河边父亲家不久，几天后她弟弟张子静也来了，"腋下夹着一双旧报纸裹了的球鞋。妈妈说：'姐姐的学费已经很贵，也很难负担，你来了，我是断断无力了的，你还是回去吧。'弟弟走了"。张爱玲看着张子静的背影，心里是悲凉的。黄素琼花了很贵的学费给她请了一位犹太教师补习英语。看见母亲为自己牺牲很多，张爱玲怀疑这样的牺牲是否值得。她常常一个人在公寓的屋顶阳台上转来转去，在未成年人的自夸和自卑里承受着煎熬。这时候，母亲的家不再是柔和的了，她一点点地毁了张爱玲的爱——终于有一天，黄素琼将张爱玲交给张茂渊再度出国，她去学校向张爱玲告别。这一次黄素琼是不打算回国了，她在校园那个爬满青藤的钟楼前站定，等来了张爱玲。她说："我要去法国了，不知道什么时候回来。"她首先打破沉默。张爱玲说："我知道了。"她说："你如果在这边有什么困难，就打电话给你姑姑，她会帮助你的——打电话给她就等于打电话给我，好么？"张爱玲点点头。她说："没有什么话要对我说么？"张爱玲漠然地摇摇头。她说："那好，那你好好保重——不管出了多大事，你在家里不要回嘴，否则，总是你的不对。万一他打你，不要还手，不然，说出去总是你的错。"张爱玲后来在文章中回忆，那天张爱玲将母亲送到学校门口。分别时她没有一点惜别的表示，黄素琼好像有点失望。最后她出了校门，鼻子是酸酸的，于是眼泪流下来了。她后来写道:"这时候是需要眼泪来烘托的,我终于刻骨铭心地想念母亲,想着她——我在寒风中哽咽着。在母亲面前我哭不出来,在无人的地方我哭给自己看。"

黄素琼再次与爱玲见面已在多年之后,在香港,在著名的浅水湾。那时候黄素琼已经有了一个高大俊美的美国男友,他们入住在奢华的浅水湾影湾园饭店。黄素琼通知了在香港大学读书的张爱玲,张爱玲马上赶过来,她后来写道:

"仆佣领着她沿着碎石小径走过黄昏的饭厅,穿过紫藤花架,阳台上两个人在说话,一个是母亲,穿着西洋篷裙子,男的是她的美国男友维基斯托夫。两个人挽臂从浅水湾沙滩上走过,男的英俊,女的漂亮,打着洋伞说着英语,宛若电影画报——"

黄素琼从此再没有见过张爱玲,陪伴在她身边的,是张爱玲的一帧小照,那是她心目中女儿的标准模样。后来这张照片绕地球一大圈,又回到张爱玲手中,它和许多遗物放在一个跟随她走遍世界的皮箱里。她的特长之一就是会理箱子,这一点张爱玲记忆犹深。再多的杂物她也有本事让它们在一个小皮箱里有条不紊地安身。曾经一只皮箱被搬运工不小心从高高的码头上跌落,但是那只皮箱却仍然完好如初。这种本事让张爱玲叹为观止,这都是她长期旅行的结果。如今她再不能慢条斯理地清理她的皮箱了,她的皮箱一片杂乱,一些零乱的生活用品,还有古董混在一起。还有一些她没有用完的钱,散乱的照片。悲伤的气息像烟雾一样充斥着张爱玲小小的房子。让张爱玲瘫在床上没有一点力气,也哭不出来。赖雅拿起黄素琼的照片说:"就像一部小说。"张爱玲泪水夺眶而出。

后来张爱玲一病不起,整整病倒了两个月。她说:"我母亲就是一只无脚鸟。"黄逸梵(黄素琼)这只无脚鸟一生一世只能在天上飞。她仿佛天生有一种离心力,名字里那个"逸"字,让她有了一种活性气体般上升的气质,时时要冲破房顶,飞到外面的世界里去。她渴望新鲜与自由，她用一生的经历验证了"生活在别处"。

张茂渊：民国最彪悍的剩女

一

在张爱玲生活中，长期担任母亲一职的，其实是姑姑张茂渊。如果说黄素琼是奇葩的话，那么张茂渊则是民国奇女，她的彪悍之处在于：一直到78岁才把自己嫁掉。

要说起来，张茂渊是一个特立独行的知识女性，天资聪颖，这从她的话语中可以看出端倪。有一天夜里非常寒冷，姑姑和张爱玲急急地要往床里钻，姑姑突然说："视睡如归。""写下来可以成为一首小诗：'冬之夜，视睡如归。'"另一次不知怎么搞的头发很脏很脏，她在洗头发，一盆水漆黑如墨。她对张爱玲说："好像头发掉色似的。"并自我解嘲："我也算个文武双全的人，文能写信，武能够纳鞋底。"张爱玲的老照片中保存着一张姑姑的照片，烫着头发，长腿丝袜高跟鞋，坐在新潮摩登的沙发上，完全一副漂亮的知识女性聪明、能干的利落与爽快。对张爱玲来说，除了母亲外就是姑姑张茂渊对她影响最大，比如痛恨旧式家庭、向往西式文明、做独立现代的新女性，这些观念全方位影响了张爱玲。张爱玲打破了家中一块玻璃，姑姑让她原价照赔。并且不时在她面前唠叨："你哪一天能自立，我们所有的费用马上就均摊。"

张茂渊几乎独身一辈子，但她不是终身不嫁的独身主义者或禁欲主义者，她只是在等待一个她愿意终身厮守的男子。这个男子并不虚无缥缈，他叫李开弟，此前一直生活在香港，他们的爱情故事就像一部缠绵悱恻的言情小说——

1925年，黄素琼和张茂渊去英国留学，张茂渊在船上吐得一塌糊涂，同船一位男青年叫李开弟，十分关心张茂渊，给她递上热毛巾，还端来两杯龙井。晚风吹起夜露清凉时，一块美丽的霞帔轻轻落在她的肩头。最终，这一对情投意合的年轻人并没有结成姻缘。李开弟得知张茂渊外祖父是李鸿章时，他断然斩断情愫，迅速和另一位女同学结婚。满心伤痛的张茂渊也装作没事人一样，开开心心去参加他们的婚礼，并与李开弟一直保持着很好的友谊。爱情一直埋藏在心间，只是那块美丽的霞帔夜深人静时总要拿出来看一看摸一摸，张爱玲一直不明白，多年来姑姑为什么一直对这块霞帔视若珍宝？一直到半个世纪后，张茂渊与李开弟结婚，李开弟正儿八经写信征求张爱玲意见，张爱玲才恍然大悟。

张茂渊一直对张爱玲守口如瓶，1928年她从国外归来，这一年她二十六七岁，名门出身对她来说是一种拖累。作为海归，张茂渊从事的是高级白领工作，一度在电台播新闻，工作半小时就能拿几万元的月薪。也在当时上海滩最出名的大光明电影院从事同声翻译，让张爱玲也蹭看了许多著名电影。在感情上，她一直没有归宿，潜意识里她一直不能忘掉李开弟。结了婚的李开弟也一直跟她来往：每当李开弟过来探望，张爱玲的任务就是拿着碗坐电梯下楼买熟菜，当然是为了招待李开弟。她的一生就在等待李开弟，这就是爱情无穷的魔力。《对照记》里有一张张茂渊和她两个哥哥的照片，异母的兄长张志潜最大，站在中间，张廷重和张茂渊分立左右，张爱玲都说这张照片像爷儿仨。

李鞠耦去世后，遗产由张志潜代管，直到张廷重娶妻生子后才交割

陕西南路上的白礼登公寓，张爱玲与姑姑生活在这里。

清楚，据说分得颇不公平，张廷重和张茂渊联手跟那位哥哥打起了析产官司，关键时刻，张廷重丢下妹妹倒戈。张爱玲说是她继母趋炎附势从中拉拢，张茂渊吃了个大大的闷亏，从此便不大与哥哥往来，声称不喜欢"张家的人"，只对张爱玲好一点，因为是她自己贴上来的。她是个极度真实的人，或者说极度无情的人。张子静来她家中与张爱玲聊天，到吃饭时，作为姑姑的她说："你走吧，因为没有给你做饭。"一直到张爱玲出国，张子静不知道，一如往常地过来看望，她打开门说："你姐姐走了。"马上就关了门，不再多说一句话。

　　她对张子静如此，对张爱玲她似乎也没有过分的感情流露。张爱玲说起这位姑姑，亲热里又有一点距离感，她认同姑姑真实的同时，又带点似笑非笑的不习惯。当年她从父亲那里逃出来，和母亲与姑姑住在一起，她的心里非常紧张。母亲总在挑剔她，姑姑心情也不好，但仍有些许哽咽的温暖记忆。有一天姑姑忽然高兴，因为张爱玲想吃包子，用现成的芝麻酱做馅，捏了四只小小的包子，蒸了出来。包子上面皱着，看了它，张爱玲的心也皱了起来，一把抓似的。喉咙里一阵阵哽咽着，东西吃了下去也不知道有什么滋味。她还是笑着说："好吃。"

　　张茂渊经常抱怨张爱玲："和你住在一起，使人变得非常唠叨（因为需要嘀嘀咕咕），而且自大（因为对方太低能）。"低能倒也罢了，这是天才的特征。张爱玲似乎也乐于以此自诩。唠叨和嘀咕，不但使人显得琐碎，还因需要倾听者，显得太主动，太需要别人。这对于张爱玲是一种禁忌，她说："若是别人说我听，我会很愉快，若是我说别人听，过后想想就会觉得很不安。"她后来爱上的男人，和这种禁忌不无关系——她终于遇上了有耐心听她讲话的人。

　　但张茂渊不在乎，她不把这种"受不了"看得多重，多么值得同情。真的勇士，敢于直面惨淡的人生，彪悍的狠角色，从来都不怕与真相劈面相逢，她自己习惯直面现实，就不大想得起来去照顾别人的情绪。

二

和张茂渊这样的人打交道，你要预备着承受真实之伤。张爱玲自始至终跟人打交道都很有距离感，很紧张。她爱过的男人有一个共同点，就是能让张爱玲放松。不得不说，张爱玲这一感情取向，某种程度上是拜张茂渊所赐。张茂渊温度虽然不高，却没有华丽丽的外包装，显得货真价实。而且能探到底，不像面对那些巧言令色之徒，你不知道能在哪里着陆。

作为一个作家，张爱玲从姑姑那里得到了更多。如果说，她读香港大学时，官样文字被历史教授佛朗士先生耍着花腔一读，就露出了滑稽的底色。张茂渊的冷淡和真实，只言片语里的那种穿透力，则如一张网眼细密的筛子，筛去尘世间的装腔作势，安然地放置自己的内心。榜样的力量是无穷的，张爱玲能板着脸对迟到者说"张爱玲小姐不在"，能飘飘欲仙地穿着稀奇古怪的衣服，还自以为在保存劫后的艺术品，未必与这位姑姑无关。她教会了张爱玲按照内心的指示行动——"别的就管他娘"。有这么一个举重若轻的姑姑存在，还有助于张爱玲打破内心的束缚，极尽真实地表达自我。常人都有窥破真相的能力，却为惯性为心理情感公式所阻，不敢朝前迈那么一小步。张爱玲却像拨开泉眼上的杂草那样拨开预设的遮蔽，掬起真相之水。她笔下的人物，人人眼中所见，人人笔下皆无。张茂渊还点出了乱世情怀，点出了茫茫人世间枯荣自守的残酷与美丽。张爱玲笔下亦常有这样一种气氛，不可谓没有受她影响。

这样的女子，不容易爱上什么人，爱情常常是由缺失所致，或者想与另一个生命互相依偎着取暖，或者像小人鱼那样，指望一个男人的爱，让自己圆满。张茂渊却强大到一个人就可以圆满，像她那个家，是一个"精致完全的体系"。这样的女子，燃点太高，年轻时，有少女情怀助燃，还可以对付着燃烧那么一次。一旦时过境迁，让她重新燃烧一次，怕是没有那么容易。所以张茂渊的不嫁，与其说是为了成就一个爱情神话，不如说是顺其自然。通俗的想象是，一个女人必须要心有所属

张茂渊和李开弟。

才能度过浩如烟渺的岁月——或者是事业，又或者还有其他。好像没有就不足以支撑生命，但我的现实经验是，爱情云云，事业云云，也许都是生命树上的装饰品。有，当然更好。但没有，也不是活不下去。活着本身，真的就那么没意思吗？

  1937年，张爱玲从父亲那里逃出来，1952年，离开上海去了香港，这期间都是和姑姑生活在一起。离开上海的时候，她们就约定，为了避免不必要的麻烦，从此不通音讯。不得不说张爱玲的高瞻远瞩与明察秋毫，不通信不联系有效地保护了张茂渊，使她平安顺利地度过了"文革"时期。在香港工作过的李开弟就没有那么好运，他被工厂贬到里弄垃圾站负责清理垃圾。他的夫人身体很不好，孩子们正在长身体，李开弟收入微薄，有时候家中连饭都吃不上。张茂渊得知后不声不响地送去做好的小菜，她知道李开弟极其喜欢她做的小菜。某次送小菜过去，在路边听得有人叫她。她仔细看了半天，才发现那个穿雨靴、戴布帽子的苍老男人正是当年出洋轮船上那个风度翩翩的青年李开弟。她几乎认不出他了，他那天正发着烧，但是居委会主任仍然通知他上班清理阴沟，因为过几天上级部门要来小区进行爱国卫生大检查，李开弟强撑着身体出来上工。他喘着气看着张茂渊，张茂渊说："那你病成这样，这样怎么行?"李开弟看了看围墙下一道长长的积满垃圾的阴沟说:"快了,到了尽头就算工作完成了。"

张茂渊放下装了小菜的保温桶,也不多说什么就悄悄离开。等她回来时李开弟也惊呆了,她穿着雨靴胶裤,一双弹过钢琴的女人的手还戴着棉纱手套,她来替换李开弟,让他坐在一边休息。那时候她已是一个满头飞霜的老太太,那一头花白的头发,与李开弟的白发相映成趣。

三

二十多年后,张茂渊与张爱玲才开始恢复联系。她是在柯灵那里得到宋淇的地址,先给宋淇写了一封信,得到地址后,她立马给张爱玲写了一封信:

爱玲:

  今天刚得着你的地址,赶快来寄几个字给你,告诉你我的近况,我现在身体还好,没有大病,精神方面,也很愉快。至于这20年来经过的情况,以后慢慢地再告诉你吧。

  我最急于想知道,你这二十余年的一切,我知道你结婚,而他不幸地病故了。这以后你的生活如何维持?要问的话多了,愿你一一告我。今天这地址是你二表姐叫她儿子送来给我的,大约一年多以前,她自己曾为了打听你亲自来过几次。我因觉得她要找你的目的,不太正确,所以对她也不大热心。我以前也想打听你的消息,但因有一点顾虑,最近倒是顾虑完全解除,也正在考虑怎样进行,而她已先得了,我得去看她一次了。我仍住这公寓里,不过现在一楼106室。KD也仍健在,他比我强健,我是已老态龙钟了,你看我的字就可看得出,手指不听指挥。现在先简单地寄这一点,急切盼你来信。我的住址是:上海黄河路65号106室。祝你安乐愉快!

姑姑 1979年2月3日

信中的"KD"就是李开弟先生,他与张茂渊的感情一直在延续。"文革"时期过去以后,他已是年近八十的耄耋老者,李开弟妻子一直重病在身,感到自己大限已到,将告别人世。有一天,当张茂渊单独在她病床边时,她伸出了瘦骨伶仃的手,两行热泪流淌在消瘦的面庞上:"我早知道你和李开弟是情投意合的一对,他对你的出身抱有偏见,当初我一点不知情,和他结婚了。这些年,他过得并不快乐,苦恼过,悔恨过,自责过,但是一切都晚了,我们有了孩子——在我们长达60年的交往中,你的人品让我感动,李开弟也是一位谦谦君子,你视我儿子为己出,他视爱玲为己女,这一切我都看在眼里,记在心里。我将不久于人世,我过世后,希望你能够和他结为夫妇,你若不答应,我将死不瞑目。"

在李开弟妻子一再恳求下,张茂渊答应了,那一年她78岁。等到李开弟的妻子过世后,李开弟要和她住在一起。李开弟像新结婚的小伙子,一点也不含糊,写信给远在美国的张爱玲,征求她的意见。张爱玲

晚年的张茂渊。

收到信这才幡然大悟，那块美丽的霞帔，原来是姑姑的爱情信物，只是她没有看到78岁的新娘子披着霞帔从容出嫁的情景。60年的漫长等待，换来了12年的生死相守，岁月的刀在两个人脸上心上刻满印记，但是那块霞帔并没有褪色，它一如当年在海轮上初次出现一样，美丽并且绚烂。

1991年6月，张茂渊驾鹤西去，享年91岁。她对张爱玲说过"视睡如归"，这一次她真正是视睡如归，永远地睡去，也永远地归去。

苏青：尘埃里开出来的花

一

苏青本名冯和仪，出生几个月后，父亲出洋，母亲读书，她被寄养在老家宁波冯家村跟祖母生活。家里有文化的人都常年在外，祖母目不识丁，就是一个乡间最平常的老太太，几年下来，苏青变成一个满口粗话的小鹦哥。

不会有人教她说粗话、爆粗口，乡下人本来就是口无遮拦，不会想着有小孩子在场说话规避，苏青对这一切无师自通。她本来就是一个山野里长大的野孩子，全无一点女孩子做派，而且喜欢剪个短短的头发，和男孩子混在一块玩，上山掰野笋，下河摸田螺，凡男孩子玩的游戏，如舞枪弄剑之类，没有她不喜爱的，反倒是女孩子爱的小零碎小玩意她嗤之以鼻。如此天性坦露的姑娘，个性自由就陪伴她一生。读县女师时因为大谈男女平等、自由恋爱等新观念，竟然被校方勒令退学。后来虽然复学，但是个性不改，仍然是个活跃分子。宁波学联开会，她竟然代表女中去参加。后来学校发生一件事，历史教师徐先生因为课堂上发表自由言论受到排挤、打击，忧心如焚染上重病，校方并不照料，最终含恨去世。苏青为徐先生打抱不平，招致校方恼恨，最终以"受人煽惑，鼓动罢课"为由将苏青等人开除。

当时民国新文化风起云涌，层出不穷的新文艺刊物令新青年们喜出

苏青的老家冯家村，老房子至今仍在。

望外，他们不满足于陈腐的观念和死板的教科书，内心里涌动着对新时代新生活的渴望。苏青就是这叛逆激进的一员，这时候她阅读了大量的新文学作品，思想转变极快，参与各类政治活动，写文章、演话剧，组织演讲、演出，每日忙得不亦乐乎，到哪所学校都是名人。后来在中山公学，苏青和同学们排练了莎士比亚的名剧《罗密欧与朱丽叶》，因为是用英语演出，所以演员的英语一定要好。苏青在出洋留学的父亲冯松雨影响下，英语说得极为流利，人长得漂亮，又是文艺积极分子，理所当然地出演朱丽叶。男主角罗密欧找了很长时间没有合适人选，后来在校园遇见了高大英俊的男生李钦后，她眼睛一亮，真是踏破铁鞋无觅处，得来全不费工夫——这不就是罗密欧吗？一对话才发现，李钦后英语也棒极了，苏青心生欢喜，定下李钦后出演罗密欧。罗密欧爱上朱丽叶，李钦后爱上苏青，戏里戏外戏假情真，这一场假戏真做，把苏青的命运全改变了。当时冯家因为其父去世，日渐开始走下坡路，母亲鲍云仙迫切想找个富家子弟做靠山，富商李家正符合她的要求。更何况李钦后一表人才，深得苏青喜欢，两人越走越近。李家风闻苏青长相清秀，又是著名的才女，怕夜长梦多，忙不迭地要来说亲。当时苏青考取了南京的中央大学，而李钦后则在苏州的东吴大学读书。提亲前李钦后特地来到南京见苏青，当时苏青在最热门的外文系，宿舍里有六个女生，唯她长得最漂亮，被人称为"宁波皇后"。确实是个宁波皇后，鹅蛋脸、细黛眉、丹凤眼、高鼻梁，穿的是连衣裙，半高跟鞋，成天嘴里嚼着巧克力，极其像鲍云仙。李钦后看到苏青在漂亮之外又多了一份洋气，顿时眼睛发直。晚上住在旅馆里，白天就在苏青宿舍流连。偶然一次，他在苏青桌上发现一大堆求爱信，苏青舍友告诉他，这才是最近几天收到的，苏青来不及处理。若是所有求爱信一直保留到今天，肯定有几箩筐。李钦后很吃惊，回到家把看到的一切说给母亲听。李母一听急了，这么好的一个女孩子，要是被人抢走，那可吃大亏了，李家赶紧提出结婚。苏青先是请假结婚，然后再退学生子。她得到了孩子却失去了大学，这为她将来的命运埋下祸根：李钦后毕业后在上海做律师，碍于情面不肯向家中伸手要钱。面对一窝小孩，苏青伸手向他讨生活费，正在生闷气的李钦后抬手就给了她一巴掌："你也是文化人，你为什么不能挣钱？"这一巴掌打散了苏青的婚姻，也将她打上职业女性的道路，这份职业就是自由撰稿。

二

张爱玲与苏青一夜之间走红上海滩，后来张爱玲写了一篇长达一万八千字的文章《我看苏青》，就发表在苏青主编的《天地》杂志上，开篇第一句就是："苏青与我，不是像一般人所想的那样密切的朋友，我们其实很少见面。也不是像有些人可以想象到的，互相敌视着。同行相妒，似乎是不可避免的，何况都是女人——所有的女人都是同行。可是我想这里有点特殊情形。即使从纯粹自私的观点看来，我也愿意有苏青

上海滩当红女作家苏青。

这么一个人存在，愿意她多写，愿意有许多人知道她的好处，因为，低估了苏青的文章的价值，就是低估了现在的文化水准。"

　　两个女作家的结缘应该起源于一封约稿信，张爱玲当时在上海一红惊天，苏青要办杂志广结作家，不可能漏掉明星式的女作家张爱玲。在那封约稿信上，苏青用了四个字"叨在同性"——张爱玲不禁哑然失笑，将信拿给姑姑看。姑姑正在煮火腿粥，她一眼看出她的得意，不忍扫她的兴，装作不屑一顾的样子皱皱鼻子："看到了，张小姐。"张爱玲很俗气地说："都是钱哪！我有钱付你生活费了。"姑姑说："财迷，老张家尽出你这样的人，一身俗骨。"姑姑的骂让她开心死了，又收到一个外国人的电话，约她去跳舞，她不会跳舞，所以拒绝了他。其实要说起来，苏青与张爱玲是两个完全不同的人，一个男人婆似的满世界打拼要养活自己和身边一窝老鼠般的小孩子。一个一人吃饱全家不饿，成天穿着稀奇古怪的古朝衣裳做姿做派拿腔拿调玩情调什么人也不想见的大小姐。虽说同是女人，虽说同是作家，但是两个决然不同的人怎么可能相处呢？可就是这两个人成了非常要好的好朋友——张爱玲把苏青抬得够高了，"把我同冰心、白薇她们来比较，我实在不能引以为荣，只有和苏青相提并论我是心甘情愿的。"

苏青的女儿曾说过，她母亲和张爱玲好得很，经常一同逛街一同看电影，还互相换衣裳穿。两个女人好到换衣裳穿的程度，这是女人间不太多的友谊，民间形容两个人好，就说"好到同穿一条裤子"。

张爱玲和苏青能好到这个程度？不太可信，也许是苏青的女儿随口说说。按张爱玲的性格，要她和别人同穿一件衣裳，那是打死她也不可能做的事情。在《我看苏青》里她谈到苏青的打扮："对于苏青的穿着打扮，从前我常常有许多意见，现在我能够懂得她的观点了。对于她，一件考究衣服就是一件考究衣服，于她自己，是得用；于众人，是表示她的身份地位；对于她立意要吸引的人，是吸引。苏青的作风里极少'玩味人间'的成分。去年秋天她做了件黑呢大衣，试样子的时候，要炎樱帮着看看"，"镜子上端的一盏灯，强烈的青绿的光正照在她脸上，下面衬着宽博的黑衣，背景也是影幢幢的，更显明地看见她的脸，有一点惨白。她难得有这样静静立着，端详她自己，虽然微笑着，因为从来没这么安静，一静下来就像有一种悲哀，那紧凑明倩的眉眼里有一种横了心的锋棱，使我想到'乱世佳人'"。

后来在那次由《新中国报》发起的海上女作家研讨会上，苏青率先开了口："女作家的作品我从来不大看，我只看张爱玲的文章。"主持人马上请张爱玲发表意见。张

苏青红极一时的畅销小说《续结婚十年》。

爱玲慢腾腾地说："古代的女作家中我最喜欢李清照，李清照的优点早有定评，用不着我来分析介绍了。近代的最喜欢苏青，苏青之前，冰心的清婉往往流于做作。丁玲初期的作品是好的，后来略有点力不从心。踏实地把握住生活的情趣的，苏青是第一个，她的特点是'伟大的单纯'。经过她那俊洁的表现方法，最普通的话成为最动人的，因为人类的共同性，她比谁都懂得。"

把苏青抬到继李清照之后一位女性文学的代表人物，确实是高看了苏青，也令很多在场的女作家很不痛快。据说会议结束后，许多女作家自动走到一起，孤立了张爱玲与苏青，并且在一旁冲着她们的背影指指点点。但是张爱玲和苏青才不在乎这些女人间的小动作，两人无所顾忌地说着闺蜜间的悄悄话，然后撇开众人扬长而去。

三

1949年以后，张爱玲出走海外，苏青选择留在上海。她很快适应了新时代，这是她的长处，她在一夜之间就能顺应潮流穿上一套女式人民装，混迹在人流中你根本看不出她曾经是老上海当红的女作家，她就是那种生存能力极强的人。她最后选择留在大陆，是她相信自己有能力活下去，也相信不管什么人当政，反正柴米油盐的日子总是要让人过，无非就是找一个挣钱养家的职业。作家金性尧有一天在街上看到苏青大吃一惊，他后来写文章说："苏青也穿人民装了，她穿着一套女式的人民装。"王安忆后来在《寻找苏青》中说："想明白了，才觉得苏青是可以穿那女式人民装的，金性尧老先生说得对。当时倾国倾城的妇女都是清一色的，要知道在五十年代这便是风靡一时的女式'时装'了。苏青为什么不穿？这就是苏青利落的地方，要是换了张爱玲，麻烦就大了。其实，旗袍装和人民装究竟有什么区别？底下里，芯子里的还不是一样的衣食饱暖。"

可是在那样轰轰烈烈的年代，像苏青这样的人想取得"衣食饱暖"相当不容易。她到处托人打听，后来参加编剧学习班。毕业后组织上介

苏青渐入老境。

绍她进入尹派创始人尹桂芳创建的芳华越剧团,根据民间故事《卖油郎独占花魁》改编的越剧《卖油郎》一上演就受到热烈欢迎,票房大好。尹桂芳十分高兴,将苏青的工资涨到每月三百元,这在当时已是了不得的高收入。当时剧团除名角外,一般的演员才十几元一月。她很快又有了新的计划:着手编写历史剧《司马迁》。为了把这个剧写好,还要务必超过《屈原》,苏青给复旦大学的贾植芳教授写了一封信,向他请教有关史实。贾教授非常认真地回答了苏青的提问。

没有想到就这么一次平平常常的晚辈向前辈求教的信件给苏青带来灾难,那时候正是夏天,为了赶在秋凉时节排演《司马迁》,苏青埋头苦写剧本。天正热,家里也没有电风扇,她一手挥舞着芭蕉扇,一手提笔写作。半夜三更公安局敲开了她的家门,向她亮出逮捕证,说:"跟我们走一趟吧?"苏青感到一桶井水从头浇下来,浑身冰凉冰凉的。

苏青被关进了提篮桥监狱,拖拖拉拉弄到1957年,因为实在查不出多少大问题,苏青被释放,在群众监督下生活和工作。一遇到重大节日活动,她就被里弄积极分子叫去训话,亲戚朋友怕受到牵连,也都和她断了来往。这时候她的生活到了崩溃的边缘,两个孩子尚未成年,她分文皆无，生活难以维持。芳华越剧团尹桂芳知道后，这个善良的老艺人向苏青伸出了援助之手，排除一切干扰，重新接纳了苏青来剧团，后来又转到黄浦区文化馆，每月发给她15元工资。先是三番五次的抄家、批斗，接着工资再一度停发。肺结核又缠上了她，开始吐血。不久，心脏病和糖尿病都来了，病病病，她的一身全是病。可她这时候没有任何收入，连走到医院的力气也没有，叫医生上门，连出诊费也付不起。这时候插队到安徽的儿子李崇元回沪，38岁的他仍然没有结婚，靠摆地摊与母亲相依为命。每天早上他将母亲的早餐和午餐准备好，然后出门摆摊，一直到很晚才回来做晚饭，苏青也得等他回来做饭。辞世的那一天李崇元记得很清楚，早上吃的是年糕汤，吃完后李崇元碗也没洗，照样早早出摊。到了下午，他突然全身发抖，止也止不住。他特地提早回家，却见母亲苏青的头歪在一边。他吓了一跳，上前一摸，母亲当时身上还是热的，嘴角有血，靠门的一只眼睛睁着，估计是等待人来。

苏青就这样走了，悄悄的，没有惊动任何人，也没有留下任何遗言。两个医院护工用帆布担架把苏青遗体抬到太平间，那天死人太多，太平间没有空位子，他们就把苏青遗体随意放在地上，走了。只有李崇元一人守在太平间门口，当时天寒地冻，苏青单薄的遗体就这样放在寒冷的水泥地上，放了整整一夜。

炎樱：张爱玲的证婚人

一

作为张爱玲少女时代形影不离的女友，炎樱连名字都是张爱玲取的：先取名"貘黛"，听起来像是叫麻袋，后来又改名"炎鹦"，"樱"与"鹦"同音，又叫"炎樱"。张爱玲对炎樱曾作过这样的描述："炎樱姓摩希甸，父亲是阿拉伯裔锡兰人（今斯里兰卡），信回教，在上海开摩希甸珠宝店。母亲是天津人，为了与青年印侨结婚跟家里决裂，多年不来往。炎樱的大姨妈住在南京，我到他们家去过，也就是个典型的守旧的北方人家。炎樱进上海的英国学校，任 prefect，校方指派的学生长，品学兼优外还要人缘好，能服众。我们回到上海进圣约翰大学，她读到毕业，我半工半读体力不支，入不敷出又相差过远，随即辍学，卖文为生。"

斯里兰卡那地方出珠宝，所以炎樱家在上海开有珠宝行。张爱玲曾说炎樱为"热带鹦鹉"，一言即中炎樱的要害：她很能说，很会说，不是一般性的贫嘴饶舌，都是奇言绝句。比如："每一个蝴蝶都是从前的一朵花的鬼魂，回来寻找它自己。""非常非常的黑，那种黑是盲人的黑。""月亮叫喊着，叫出生命的喜悦，一颗小星是它的羞涩的回声。""两个头总比一个好——在枕上。"这么好的语感，不做作家真有点可惜，这可能正是张爱玲与炎樱的友谊基础。张爱玲说她："炎樱也颇有做作家的意思，正在积极学习中文。在马路上走着，一看见店铺招牌，大幅广告，她便停住脚来研究，随即高声读起来"。

两人整日厮混在一起，发生的一些小故事也让人忍俊不禁。还是在

张爱玲与炎樱。

香港大学读书的时候，两人向来同行。有一次炎樱不知何故突然独自回上海，张爱玲得知后号啕大哭，写信给炎樱一定要她回香港，然后她们再一同重回上海。两人一同逛街，结局永远是吃，"吃点什么呢？"炎樱这样问张爱玲。张爱玲每回总要想一想，然后还是和上次一样回答她："软的，容易消化的，奶油的。"符合以上几条标准的，只有蛋糕。两人进了一家咖啡馆，每人一块蛋糕，另外再要一份奶油，一杯热巧克力加奶油，另外再要一份奶油。虽然是各自出钱，但是她们仍然非常热心地互相劝诱："不要再添点什么了吗？真的一点都吃不下了吗？"完全是主人问客人的口气。

在那样一段青春时光，张爱玲出现在哪里炎樱就出现在哪里。或者也可以这样说，炎樱出现在哪里张爱玲就出现在哪里。炎樱虽然不写作，但是她是个聪明且幽默的少女，否则像张爱玲这样的人不可能与她成为闺蜜。有一次两个人逛街，在报摊上炎樱将所有的书报杂志都翻了一遍之后，却一本也不买。报贩子狠狠瞪了她一眼，挖苦她："谢谢你。"炎樱淡淡地说："不要客气。"她和张爱玲一同外出买东西，总是喜欢抹掉一些零头。甚至在虹口，在犹太人的商店里她也这样做。她把皮包打开向老板亮出老底："你看，没有了，真的，全在这儿了。还多下二十块钱，我们还要吃茶去呢。本来我们专为吃茶出来的，原本没有想到要买东西，后来看见你们这儿的货色实在好，忍不住就买了。"犹太女店主不好发火，微微抗议了一下："二十块钱也不够你们吃茶呀？"而那位男店主则为炎樱的孩子气感动，张爱玲甚至猜测他有过这样一个棕黄色皮肤的初恋，或者像他早逝的妹妹。他在炎樱面前作了让步："就这样吧，不然是不行的，但是为了吃茶的缘故。"他甚至告诉炎樱与张爱玲附近哪一家茶室最好。在姑娘们面前，再强悍的男人也会变得温柔一些。炎樱这一套小手段在商家面前屡试不爽，她得意地拉着张爱玲离开。

炎樱天真烂漫又不失狡黠，这一点让始终高冷的张爱玲感到亲切，两个人成为形影不离的连体人。张爱玲为炎樱写过多篇文章,包括后来那本畅销一时的书籍《同学少年都不贱》。在张爱玲结婚的时候,炎樱是证婚人,也是唯一一位在场的人。

二

1949年以后,炎樱一家离开中国去了日本,张爱玲也曾追随炎樱去了日本,三个月后无功而返。此时炎樱在日本过得似乎不错,张爱玲在给邝文美的信中说:"无论谁把金钱看得重,或者被金钱冲昏了头——即使不是自己的钱,只要经过自己的手就觉得很得意,如炎樱在日本来信说'凭着自己的蹩脚日文而做过几billions(数以十亿)的生意',我都能明了。假如我处在她的位置,我也会同她一式一样——所以看见一两个把金钱看得不太重的人,我总觉得诧异,而且非常佩服。"

不知道张爱玲这话是在赞美邝文美还是在贬损炎樱,在她口口声声能理解的同时,隐约可以看到她对炎樱的不以为然。生活场由中国转换到日本,这一对闺蜜的心态也随之转换。想当年在上海,张爱玲是这样出现在炎樱笔下:"你不知道现在同爱玲一块出去有多么讨厌——一群小女学生跟在后面唱着'张爱玲!张爱玲!'大一点的女孩子回过头来上下打量。"炎樱因而有了作家梦就不奇怪,她因为张爱玲而进入上流

炎樱的一头乱发被张爱玲讥讽为"堆在肩上一担柴"。

文化圈，结识了苏青、纪弦、池田笃纪乃至胡适等人。但是现在是在日本，在银行工作的炎樱如鱼得水，一到日本就有船主求婚。后来她到美国，张爱玲也随之来到，张爱玲入住到救世军难民营也是得力于炎樱。圣诞节到来的时候，炎樱带张爱玲到朋友家吃火鸡，张爱玲也带炎樱去胡适家。天真可爱的炎樱似乎比张爱玲更讨人喜欢一点，那次去胡适家，胡适与他的爱人江冬秀就非常喜爱炎樱。张爱玲带炎樱过来的本意就在此，她想通过炎樱缓解自己的紧张，炎樱的活泼与开朗很好地调节了有点尴尬的见面。到了中国人的家炎樱总是很兴奋，东张西望，看什么都新鲜。江冬秀的眼睛一直落在炎樱身上，她端着两杯茶过来，笑着对她们说："喝茶，请喝茶。"她将茶放在茶几上，两大玻璃杯绿茶。然后就坐在对面看着炎樱，端丽的圆脸上看得出当年的模样，两手交握着站在那里，态度有点生涩。突然像想起什么，快步进入厨房，拿出一碟茶叶蛋出来："来来来，边喝茶边吃蛋，趁热吃才好。"她招呼着炎樱与张爱玲，胡适也拿起一个剥着。张爱玲和炎樱架不住他们客气，各拿起一个剥着。炎樱被烫了一下，惊叫起来，然后又咯咯咯地笑着："这个真香，闻着就香，浓浓的茶叶香气，我吃两个。"她说着又笑起来。适之先生将茶叶蛋拿到她面前："这蛋很小的，你应该吃三个或者五个。"炎樱又是一声惊叫："不可以，不可以，这个吃多了会放屁的，我知道。"炎樱孩子气的话把胡适也逗笑了："是的，是的，不过没关系。"

炎樱的心直口快与积极主动使得她在哪里都如鱼得水，她不像张爱玲那样自闭，她对人对事保持着一种兴奋劲与好奇心，别人也很容易接触她。她的人生一直走得很顺，从前张爱玲对她的看法是"Fatima（炎樱英文名）并没有变，我以前对她也没有幻想，现在大家仍旧有基本上的了解，不过现在大家各忙各的，都淡淡的，不大想多谈话。我对朋友向来期望不大，所以始终觉得，像她这样的朋友总算不得了。"这是她给邝文美信中的一段，后来她又致信邝文美："'宗教'有时是扇方便之门，如炎樱——她固信教，不说谎，可是总有别的办法兜圈子做她要做的事。我觉得这种'上帝'未免太笨,还不容易骗?"字里行间可以看得出,这时候张爱玲与炎樱已经有了巨大的分歧。

三

虽然分歧一直存在,但是断断续续的来往一直没有断过。炎樱在报上看到张爱玲获得 Edward MacDowell Colony 的写作奖金,第二天就赶来看望她。赖雅把时间让给她们,找个借口出去。他一走,炎樱就凑近张爱玲笑起来:"一个东方女人,绝对和一个西方老浪子过不到一起,你们在一起,就两个字:盲婚,绝对的盲婚。"她得意扬扬地说着,张爱玲一看就来气:"盲婚也好,哑嫁也好,那是别人的说辞,只要我和他过得幸福就好,就如同适之先生和他的胡太太,你说他是盲婚,我说他是哑嫁,但是他们一辈子白头到老,就是幸福。你不是盲婚,你也不是哑嫁,你看看,你一个又一个,从日本到美国,你幸福吗?"炎樱不屑地耸耸肩:"哼,我才幸福呢。上海不是有一首歌谣吗?盲婚害人事冇(没)假,强迫包办系爹妈,硬将女儿作牛马,信实媒人嘅(的)大话"——看她那滑稽的样子,张爱玲忍不住笑起来。她说:"我是无法想象,一个反封建的斗士,最后怎么会向一双三寸金莲妥协?"

炎樱现在在纽约证券交易所工作,日子过得远比张爱玲富足,她后来再婚,给张爱玲寄过请帖,张爱玲告诉邝文美:"Fatima 上月结婚,自纽约寄请帖来,对象不知道是个医生还是博士,我也没查问,大家都懒得写信。"张爱玲的信懒得写,炎樱带着她的先生 George 来看望张爱玲。George 慢腾腾地跟在炎樱后面,他个子不太高,比较瘦,脸色是淡红的,好像是刚刚掉了疤的伤口才长出的嫩肉,就是那种新鲜的淡红色,他也略显羞怯。炎樱将他往张爱玲面前一推:"看好了看好了,就是他了。再不会离婚了,绝不会离。"

这个下午基本是炎樱在唱独角戏,手舞足蹈地说着她这几年在美国的经历,比如几次堕胎,比如早在张爱玲来美国前很多年她就认识了 George。但那个时候 George 还在读书,完全是个害羞的小男生,现在似乎也是。天知道这个从情海中蹚过来的老女人是怎样骗了这个纯情的小男生。这时候的张爱玲阅人无数阅尽千帆，不再交际，包括炎樱这样的旧友。但是炎樱却仍然像个小女生一样活得神采飞扬，直到1992年，她仍然给孀居多年的张爱玲写信说："你有没有想过我是一个美丽的女生？我从来也不认为自己美丽，但是George说我这话是不诚实的。但这是真的，我年幼的时候没有人说我美丽，从来也没有——只有George说过，我想那是因为他爱我。"张爱玲受够了她的炫耀，不回信是自然的。但是炎樱不肯罢休，一连来信多封，追问她为什么："我不知道我做错了什么，使得你不再理我。"

直到几年后，张爱玲的粉丝司马新来采访她，炎樱仿佛很意外，她对司马新说："我又要做新娘了，我感到自己好厉害。"她说着得意地大笑起来，她大概猜得到司马新会将此事转告张爱玲。司马新当然告诉了张爱玲，他后来甚至出版了一本书《张爱玲与美国：晚年与婚姻》。但是此时的张爱玲对外界的一切已不再关心，包括她曾经的闺蜜。1992年，张爱玲致信林式同，请他做自己的遗产执行人，让宋淇夫妇继承她的所有遗产，一切和炎樱没有任何关系。后来皇冠出版公司将十五册《张爱玲全集》出齐的时候，炎樱在纽约去世。是George给张爱玲写信告诉她这个消息的，张爱玲三年后才收到这封信，这时候她自己的人生也即将谢幕。

第六章

临/水/照/花

"所有的女人都是同行。"

——张爱玲

潘柳黛：爱出风头的"小姐作家"

　　张爱玲时代上海滩涌现出一大批"小姐作家"，最出名的有四位：张爱玲、苏青、潘柳黛、关露。针对上海滩"小姐作家"现象，《新中国报》在1944年春天召开了一次女作家座谈会。上海当时小有名气的女作家都参加了。除了报上经常吹捧的四大才女之外，像汪丽玲、吴婴之、蓝业珍等也都在邀请之列。座谈会的发起人谭正璧，正是《中国女性文学史》的作者。会议地点就在《新中国报》报社那幢老洋房的门前，台阶上散落着十几把藤椅，正是初春，院子里树木正在萌发新叶，大家沐浴在初春的阳光中，吃着瓜子和花生，喝着茶，随意地谈着文学与人生。在"女作家论女作家"环节，主持人问苏青正在读哪一位女作家的作品，苏青说："女作家的作品我从来不大看，我只看张爱玲的文章。"主持人马上请张爱玲发表意见，张爱玲慢腾腾地说："我的毛病是思想太慢，等到听好想说，会已经散了。"众人一阵哄笑，主持人说："从文章中看，张小姐是很敏感的。"因为张爱玲当时太红，主持人一再请张爱玲发表意见，张爱玲见再躲不过去，只好慢腾腾地说："近代的最喜欢苏青……苏青是第一个，她的特点是'伟大的单纯'。"

　　张爱玲与苏青互相抬轿子，让在场的女作家看不下去。潘柳黛素来与张爱玲、苏青说不到一块去。苏青是毒舌，一张嘴够损的，潘柳黛有点胖，苏青有一次见着她说："你腰既不柳，眉也不黛，怎么取了潘柳黛这样的名啊？"潘柳黛一时哭笑不得。其实在当年"小姐作家"群中，潘柳黛是非常出色的一位，她生于北京旗人家庭，受过非常良好的教育。18岁只身来南京报馆求职，由于才华出众，很快从誊稿员做到了记者。因为时常到上海采访，上海的摩登与繁华吸引了她，她立马辞职来到上海，以南宫夫人之名发表了一系列散文小说，受到文坛注目，随后在《华文大阪每日》《文友》杂志供职，很是风光。但是一夜之间，张爱玲如同明月高悬，令潘柳黛黯然失色，这让她非常气恼。她是矛盾的，自然也想结识张爱玲。在苏青撮合下，她们一同来看望张爱玲，张爱玲也在家中盛装接待潘柳黛。

那天张爱玲盛装打扮，穿着一件柠檬黄袒胸露臂的晚礼服，手镯项链，满头珠翠，浑身香气袭人。潘柳黛一愣："你是不是要马上上街？"张爱玲说："不是上街，是等朋友到家里来吃茶。"当时苏青与潘柳黛衣着随便，相形之下觉得很窘，怕她有什么重要客人要来，以为她们在场也许不太方便，就交换了一下眼色，非常识相地说："既然你有朋友要来，我们就走了，改日再来也是一样。"张爱玲却慢条斯理地说："我的朋友已经来了，就是你们两人呀！"潘柳黛这才知道原来她的盛装正是为了接待她们，她一时感到更加窘迫，好像自己是个一点礼貌也不懂的野蛮人一样。

潘柳黛对张爱玲为人处世的做派难以接受，比方说如果她和你约定见面时间是下午三点，不巧你时间没有把握准确，两点三刻就到了她家。那么即使她来为你应门，还是会把脸一板，对你说："张爱玲小姐现在不会客。"然后把门关上，就请你暂时尝一尝闭门羹的滋味。万一你迟到了，三点一刻才到，那她更会振振有词地告诉你："张爱玲小姐已经出去了。"潘柳黛把这些似真似假的传闻都写在文章里，后来嘲讽张爱玲："她的时间观念是比飞机开航还要准确的，不能早一点，也不能晚一点，早晚都不会被她通融。所以虽然她是中国人，却已经养成了标准的外国人脾气。"

张爱玲当时一红惊天，喜欢奇装炫人，围绕着她的风言风语特别多。她并不在意，依旧我行我素。每次出现，仍然是"衣不惊人死不休"。那次出席《传奇》集评茶会，后来《新中国报》特地对她的衣着作了一番描写:"张爱玲女士穿着橙黄色调的上装,像《传奇》封面那样蓝颜色的裙子,头发在鬓角上卷一圈,其他便长长地披下来。戴着淡黄色的玳瑁边的眼镜,搽着口红,风度是沉静而庄重。"随后的朝鲜舞蹈家崔承喜与上海女作家座谈,张爱玲也应邀出席,她姗姗来迟:"她的衣服更充满了古典色彩感",关露穿的是淡黄色旗袍,潘柳黛则是一件孔雀蓝颜色的衣服,她处处想与张爱玲较劲。张爱玲红得太醒目,又很招摇,让很多女作家不舒服,当然也让曾经很红的潘柳黛不舒服。后来潘柳黛写了篇文章:"因为她张爱玲是李鸿章的重外孙女,这关系就好像太平洋里淹死一只老母鸡,上海人吃黄浦江的自来水,他自说自话是'喝鸡汤'的距离一样,八竿子打不着一点亲戚关系。如果以之证明身世,根本没有什么道理。但如果以之当生意眼,便不妨标榜一番。而且以上海人脑筋之灵,行见不久将来,'贵族'二字,必可不胫而走,连餐馆里都不免会有'贵族豆腐'、'贵族排骨面'之类出现。"

文章一发表果然好评如潮,正巧陈蝶衣主持的大中华咖啡馆改卖上海点心,真以"潘柳黛女士笔下的'贵族排骨面'上市"贴出海报。海报上还以"正是:且看论人者,人亦论其人";"读者或问:张爱玲的贵族血液是怎么一笔账呢?说来话长,原来听说张爱玲的爸爸讨的老婆是李鸿章的外孙女。换句话说:就是李鸿章的妹妹,嫁给了某姓之后,生了一个女儿,这女儿长大之后,嫁给了姓张的男人,这姓张的男人又生了一个女儿,这女儿就是张爱玲。这意思也就是说明张爱玲是李鸿章的外重孙女。李鸿章既然入过清廷,对'太后老佛爷'行过三跪九叩礼,口称道:'奴才李鸿章见驾',受过那拉氏的'御旨亲封'。那么她的父亲既要了李氏的外孙女,所谓'外甥像舅',张爱玲在血液上自然不免沾上那点'贵族'的仙气儿了。当时张爱玲以这点贵族仙气儿来标榜她的出身,许多人虽不以为然,但念她年幼无知,也还没怎么样。"

嫉妒是女人的天性,而张爱玲也实在太招人妒恨,居然处处都比她强——文章比她好,当然这个她并不承认;身世比她尊贵,这个却着实惹恼了她；更关键的，连交往的男人也比她认识的那些阿猫阿狗们有名气，可以想见潘柳黛的纠结。据说潘柳黛文章发表后，引发很大争议，有人打电话到报社，对她进行谩骂。对方说："你是潘柳黛女士吗？"潘柳黛说："是呀。"对方说："你是不是潘金莲的潘呀？"潘柳黛说："不错，我是潘金莲的潘，我知道你姓王，王八蛋的王！"然后用力把电话一挂。

多年以后，潘柳黛仍然旧事难忘："张爱玲到香港来，好像是四年前春天的事。她来之后几个相熟的朋友看见我时，都把她来的事告诉我，并且问我跟她碰见过没有。当时，我住在九龙，没有事情很少出门，而听说张爱玲是住在香港半山的一家女子宿舍。如果不是她特意来看我，或是我特意去看她，我知道我们是很少机会能够在那地遇见的，尤其张爱玲的脾气，在这几个人当中，比较是有点怪的。她不像丁芝那么念旧，也不像张宛青那么通俗，更不像苏青的人情味那么浓厚。说她像关露，但她却比关露更矜持，更孤芳自赏。关露还肯手捧鲜花，将花比人，希望能够表现得相得益彰。张爱玲的自标高格，不要说鲜花，就是清风明月，她觉得好像也不足以陪衬她似的。"

潘柳黛仍然在挖苦张爱玲，但是在张爱玲眼里根本就没有潘柳黛这

潘柳黛小说《儿女情》刊登在老上海杂志《小说报》上。

个人。有人来见她，告诉她说："潘柳黛也在香港。"张爱玲抬头说："潘柳黛是谁啊？我不认识这个人。"

杨绛：她的东西我从来不看

一位女作家说："男作家里面她酷爱钱锺书，女作家里面她最爱张爱玲，钱锺书与张爱玲是一对绝配。"此语一出，在网上引起一片骚动，无数文艺女青年兴奋得手舞足蹈，钱张"绝配"说到了姑娘们的心坎里。凭良心讲，我也认为他俩是一对绝配：一个斯文儒雅、满腹经纶。一个才华出众、华丽摩登——太般配了，般配到最后就是绝配。

可是世事并非如你我想象中的那般花好稻好，据说钱锺书的夫人杨绛对张爱玲没有一点好感，并且相当不屑。我这样说并非空穴来风，网上有一篇文章《2010年4月25日拜见杨绛先生记》这样说：

"我问：您本人对张爱玲怎么看？先生（指杨绛）眨眨眼，耸了耸肩，沉默了几秒，说：受不了她。现在社会上把她捧得不得了，有一张她摆姿势的照片，说她是美人。我的外甥女和她是同学，她说张一脸花生米，awkward，在学校里拼命让人注意她，奇装异服。人都来不及选，汉奸都跟上了。她成天想的都是男女之间的。钱锺书跟夏志清说，你怎么把我和张爱玲放在一起捧啊？她的东西我从来不看，恶心死了。"

这是一位记者对杨绛先生的采访实录，当时杨绛先生应该有一百多岁了吧，一位耄耋长者竟然如此出言不逊，很多人怀疑这是记者的编造。但是事后查证，确实是杨绛先生的实话实说，而且此说在多年前也得到了钱锺书先生的认同。也许杨绛女士只是复述了钱锺书先生的意思，不然不会那么巧合，他们共同的观点就是张爱玲"丑女多作怪"。这一说还得到了宋淇之子、张爱玲遗产继承人宋以朗的认同。他在《宋家客厅：从钱锺书到张爱玲》一书中说：

"杨绛说'把钱锺书与张爱玲放在一起捧'是指夏志清在他撰写的《中国现代小说史》里以大篇幅写张爱玲。《中国现代小说史》1961年由耶鲁大学出版，此后几十年成为研究中国现代文学的经典。夏志清以非主流的眼光肯定了钱锺书与张爱玲等作家的成就。但这两位作家是我爸爸推介的，爸爸并将他们的书寄给夏志清。夏志清看了后，对这两个人的评价极高，甚至认为张爱玲的《金锁记》是'中国从古以来最伟大的中篇小说'，而钱锺书的《围城》则是'中国近代文学中最有趣、最用心经营的小说，可能是最伟大的一部'。"

那篇记者访问被转发到张迷论坛，结果引起一场口水战，杨绛首当其冲。后来有人发出声明："（这篇访问的作者）原是豆瓣网钱锺书小组成员，现在因为精神分裂症已经入住北京安定医院两个多月了。在今天电疗结束后，作为他的至交好友，他特意嘱咐我一定要在豆瓣网钱锺书小组发表此声明，向所有朋友说明他所写的《2010年4月25日拜见杨绛先生记》完全是他自己依据网上的材料捏造出来的。"随后不久有人说，这段记者朋友的声明是恶搞，那篇记者文章真实无疑。这样一来事情就有点扑朔迷离、真假难辨。当然，许多人像我一样更愿意相信杨绛不会作出这种低劣的人身攻击，宋以朗也如此认定。

可令人难以想象的是，杨绛与钱锺书不喜欢张爱玲却是真的。据宋以朗回忆，钱锺书对张爱玲评价也不高，"安迪去访问钱锺书时，问他对一些作家的看法，谈到了张爱玲，钱对她评价不高。但是1979年钱锺书访美时，明明对学者水晶讲过：'She is very good，她非常非常好。'为何随后会一转话锋、刻意贬低？安迪当时也提出质疑，钱锺书说他回答水晶的提问时，的确曾夸过张爱玲，原因是'不过是应酬，那人（指水晶）是捧张爱玲的'。我家里有幅钱锺书与水晶合影的照片，相片中水晶捉住钱的手不放。水晶随后将这照片寄给张爱玲，她又寄给了我爸爸，加上寥寥数语：'钱锺书出境好像没经过香港？水晶跟他合拍照片，寄了一张给我，比报上的清楚，真不见老，转寄给你们，不用还我了'。"

宋以朗的父亲宋淇恰好是钱锺书与张爱玲共同的朋友，和钱锺书通信时不免提到张爱玲,但是几乎每次钱锺书都是绕过张爱玲。宋淇和张爱玲都研究《红楼梦》,钱锺书的夫人杨绛也曾经写过有关《红楼梦》的论文,所以他们之间的通信也很自然地聊起"红学"。钱锺书在1980年2月2日给宋淇写了一封信:

"兄治红学之造诣,我亦稍有管窥,兄之精思妙悟,touch nothing that you don't adorn(触手生辉)……弟尝曰:近日考据者治'红楼梦'乃'红楼'梦呓,理论家言 Red Chamber Dream(红楼梦)乃 Red Square Nightmare(红场梦魇)。此可为知者道,难与俗人言。"

"红场梦魇"就是指张爱玲那本评论《红楼梦》的专著,是嘲笑她只懂生吞活剥苏联理论。钱锺书在后来一封信中曾说:"国内讲文艺理论者,既乏直接欣赏,又无理论知识,死啃第四五手之苏联教条,搬弄似懂非懂之概念名词,不足与辩,亦不可理喻也。"宋淇回信说:"锺书先生所言红楼梦魇和呓,足以令人深省。手抄本各本一字一句,此异彼

钱锺书年轻时英气逼人。

同,争来争去,必无结果,所以有人研究版本,我就建议用红楼梦魇为书名,可见所见略同,不过先生是英雄,下走则为狗熊耳。"宋淇说的"有人",自然是张爱玲了。她的《红楼梦魇》在1977年出版,自序说"这是八九年前的事了"。她寄了些考据《红楼梦》的大纲给宋淇看,有些内容看上去很奇特。宋淇戏称为"Nightmare in the Red Chamber(红楼梦魇)"。宋淇在这里为什么不指名道姓,而只隐晦地说"有人"呢?大概是猜到钱锺书看不起这类琐屑的考据,便无谓提及自己另一个好友的名字。果不其然,钱锺书得到信后,下一封信便对这类考证者冷嘲热讽:"《管锥编》第三册1097-1098页即隐为曹雪芹诗而发(拙著中此类'微言'不少);illiterate knaves conspiring with learned fools,又不仅曹诗而已。此间红学家有为'红学梦吃'者,有为'红楼梦魇'者,更有为'红楼梦遗'(nocturnal emission)者,有识者所以'better dead than Red',一笑。"

这里的"illiterate knaves conspiring with learned fools",在《管锥编》中有一句相对应的文言,即"不读书之點子作伪,而多读书之痴汉为圆谎焉";至于"better dead than Red(宁死不红)"是美国在一个特定时代的流行语,故钱锺书引用此语,说宁愿死都不去研究《红楼梦》。

时隔一年,宋淇在1981年5月22日致函钱锺书时,终于直接提到张爱玲:

"读《红楼梦》者必须是解人,余英时其一,张爱玲其一,杨绛其一,俞平伯有时不免困于俗见,可算半个,其余都是杂学,外学。"宋淇认为《红楼梦》的解人,数来数去就只有三个半,他这次把杨绛和张爱玲并列,又是否会招来钱锺书的责难呢?杨绛又会说,"你怎么把我和张爱玲放在一起捧啊?"结果没什么戏剧性,也是意料之内。钱锺书回信时只讲别的话题,对于宋淇的"煮酒论英雄",他则只字未评。如果杨绛真的是像网上所说的那样瞧不起张爱玲,称她为"下三滥",那么,她为何又和张爱玲合作出一本书呢?据宋以朗证明,他家中有一本

钱锺书与杨绛。

书，很少人知道，那本书叫《浪漫都市物语：上海、香港40's》，1991年出版，是一部日文的现代中国文学选集，而合著者正是张爱玲和杨绛两人。杨绛当年一定同意这样安排。换言之，如果杨绛真说过张爱玲"她的东西我从来不看，恶心死了"这种话，她为什么又同意自己与张爱玲作品辑成一书？与钱锺书态度一致，张爱玲在接受水晶采访时，也承认她不喜欢钱锺书的《围城》。这种作家间说不清道不明的笔墨官司，是文人相轻还是另有隐情，到今天依然是一笔糊涂账。

邝文美：我的八点钟的灰姑娘

邝文美与张爱玲一见如故，她们亲密无间的友谊终生维持。张爱玲前半生的闺蜜是炎樱，后半生的闺蜜就是邝文美。她与炎樱关系在青春期结束后日渐趋冷，最后断了联系。而与邝文美则始终温暖如初，她最终立下遗嘱将遗产继承人确定为邝文美、宋淇夫妇，这是她对他们一生友情最彻底的回报。

　　初入香港时，张爱玲入住青年会，那里人多且杂，令她烦不胜烦。与邝文美、宋淇夫妻结识后，邝文美帮她在自家附近租了间房子。每晚八点一过，邝文美准时出现，陪她说一些八卦新闻，如同当年在上海的炎樱。张爱玲给邝文美取了个绰号：我的八点钟的灰姑娘。邝文美的儿子宋以朗当时才四五岁，对张爱玲没有太深的记忆。1962年，当张爱玲再一次走进他家时，这位十二岁的男孩对张爱玲有了一些印象。多年以后，已成为张爱玲遗产执行人的宋以朗回忆说："因为我要腾出房间给她住，我睡沙发，所以记得。她整日在房间内埋头写电影剧本，偶尔同桌用膳也不多言语，近视颇深却不戴眼镜，看东西总要俯身向前。就这样几乎互相'不理不睬'过了半个月……"

　　以张爱玲的个性，她能在别人家"寄人篱下"，这是破天荒的行为，当然与邝文美近乎完美的人格分不开。事实上张爱玲在信中就称邝文美为"中国兰花"，她对邝文美的赞美到了有些肉麻的程度："我向来见到有才德的女人总拿Mae比一比，没一个有点及得上她的。""我上次信上是想说你们是真的我毕生仅见的伟大的情侣，与别的夫妇不同，尽管有些夫妇的感情也非常感动人。""文美很忙，也很累。她为了我的病和家事，心力交瘁，她真是我一生中所见过最好的女人。我这样说，并非想在你面前夸奖她。""每次想起在茫茫人海中，我们很可能错过认识的机会——太危险了。命运的安排多好。"有一个细节不得不在这里披露，据说当时宋美龄曾邀请邝文美做她的私人秘书，却被邝文美婉拒。由宋美龄相邀可见邝文美待人接物确实温文尔雅、大方得体，而且有学识、有见地。这样的女子绝不会凭空生成，她一定受过系统教育，有着非常良好的家教。她的儿子宋以朗后来在《宋家客厅：从钱锺书到张爱玲》一书中也印证了这点：1919年出生于上海，毕业于圣约翰大学，来香港任职美新处时与宋淇相识。她的人生履历非常简单，但是她的家世却不简单：家父邝富灼生于广东新宁县乡下，此地出洋人多，邝富灼随乡邻先到香港，坐船到美国旧金山，投靠在此地的叔父，先打工，读夜校，参加救世军，皈依基督教，并成为救世军中的书记员。在其过程中他认为自己文化偏低，又以半工半读的方式就读于洛杉矶克莱蒙的盘马奈学院，获得奖学金，进入哥伦比亚大学。25年后回国，在广州方言学堂任教一年后，授职邮传部。次年受张元济之邀，进入当时著名的商务印书馆任英文部主任，编写过多部英文畅销书籍，邝文美过硬的英文功底得益于良好的家教。她姐姐邝文英谈了个男朋友，就是后来著名的电影演员孙道临，在燕京大学读书。孙道临当时叫孙以亮，与宋淇的关系特别好，两个身材高大俊美的小伙子经常一起打篮球。邝文英很喜欢宋淇，便将妹妹邝文美介绍给了他。宋淇后来用过一个笔名林以亮，就是为了纪念他与孙以亮的友谊。

张爱玲曾经说过，一个知己就好像一面镜子，反映出我们天性中最优美的部分来。这句话有可能是她对自己与邝文美之间友谊的总结。后来她去了美国，但是太平洋对她们来说并没有任何阻隔，几十年来通信始终不断。甚至在天星码头，刚刚与邝文美、宋淇离别，她流着泪回到舱室，就开始提笔给邝文美写信：

"在上船那天，直到最后一刹那我并没有觉得难过，只觉得忙乱和抱歉。直到你们一转背走了的时候，才突然好像轰然一声天塌了下来一样，脑子里还是很冷静和疏离，但是喉咙堵住了，眼泪流个不停。事实是自从认识你以来，你的友情是我的生活的core（核心）。我绝对没有那样的妄想，以为还会结交到像你这样的朋友，无论走到天涯海角也再没有这样的人……你替我的箱子收拾得那样好，使我打开行李的时候也很难过。当然我们将来见面的时候一切都还是一样。希望你一有空就写信来，但是一年半载不写信我也不会不放心的。惦记是反正一天到晚惦记着的。我到了那边，小的事故大概常常有，大的不幸和失望是不会有的，因为我对于自己和美国都没有幻想，所以你也可以放心。"

这是张爱玲给邝文美的第一封信，用的是克利夫兰总统号上的信纸。这一天是1955年10月25日，一直到37年后的1992年3月13日，张爱玲又写道："前两天大概因为写过去的事勾起回忆，又在脑子里向Mae解释些事（隔了这些年，还是只要脑子里的大段独白，永远是对Mae说的。以前也从来没有第二个人可以告诉）。"Mae就是邝文美，在她眼里，邝文美自始至终是她可以坦诚交流的密友。在邝文美眼里也是如此，她对张爱玲的了解甚至超过张爱玲对自己的了解：

"我一直是她的忠实读者。她的作品我都细细读过，直到现在，还摆满案头，不时翻阅。但是老实说，在认识她以前，尽管我万分倾倒于她的才华，我也曾经同一般读者一样，从报纸和杂志上得到一个错误的印象，以为她是个性情怪僻的女子，所以不免存着'见面不如闻名'之心。直到几年前我们在一个偶然的场合中相识，一见如故，后来时常往来，终于成为无话不谈的好友，我才知道她是多么的风趣可爱，韵味无穷。照我猜想，外间传说她'孤芳自赏'，'行止隐秘'，'拒人于千里之外'……很可能是由于误解。例如，她患近视颇深，又不喜欢戴眼镜，有时在马路上与相识的人迎面而过，她没有看出是谁，别人却怪她故作矜持，不理睬人。再者，她有轻性敏感症，饮食要特别小心，所以不能随便出外赴宴。不明白这一点的人，往往以为她'架子很大'。再加上她常在夜间写作，日间睡觉，与一般人的生活习惯迥异，根本没法参加各种社交活动，这也是事实。我相信'话不投机半句多'这种感觉是任何人都有过的。在陌生人面前，她似乎沉默寡言，不擅辞令；可是遇到只有二三知己时，她就恍如变成另一个人，谈笑风生，妙语如珠，不时说出令人难忘的警句来。她认为'真正互相了解的朋友，就好像一面镜子，把对方天性中最优美的部分反映出来'。"

一别六年后，张爱玲受麦卡锡之邀请访问台湾，途中得知赖雅中风，但是很快得到一定程度上的恢复。她马上中止在台湾的行程，这时候回美国没有一点用处，因为他们手头没钱，除了生活必需外，她需要一笔钱来给赖雅治病。在美国她没有挣钱的机会，在台湾也没有，唯一

邝文美。

的机会和希望就是在香港，在邝文美、宋淇这里。这时候宋淇早已经离开美新处，就任香港著名的电懋电影公司制片人，以公司名义约请张爱玲写剧本，她一口气写了十来部：《情场如战场》《人财两得》《桃花运》《六月新娘》《温柔乡》《南北一家亲》《小儿女》《南北喜相逢》，一直到后来的《魂归离恨天》等。相对来说高额的稿费让张爱玲与赖雅在美国生活得很自在，就这样在离别六年之后，张爱玲再一次投靠邝文美。

这一次宋淇帮张爱玲接下了《红楼梦》剧本，张爱玲研究《红楼梦》多年，宋淇也是。张爱玲那本《红楼梦魇》还是宋淇帮她取的书名，请张爱玲来写《红楼梦》应该非常适合。宋以朗回忆："张爱玲回港后，在旺角花墟附近租了房子，从我家步行过去只需几分钟。我家的工人因为要拿东西给她，也曾经去过她那间房子。后来她临走前退了租，却发现还有剧本未写好，便来我家住了两星期，我让出睡房给她，只好到客厅'喂蚊'。"

这一次在香港却不顺利,《红楼梦》电影上下集剧本写了三个月,一直写到眼睛出血,还没有钱看病。其间她也曾到诊所看过,医生开出的诊疗费让她吓了一跳,马上落荒而逃。她在给赖雅的信中说:

"亲爱的,一想到还要继续下去整个月的沉闷和孤独,我就垂头丧气,那使我可怕地变老了。唯一能安慰自己的,是知道我们的家在等着我。不过别为房子添置任何东西(日常花费除外),你知道多置一样东西都会打乱我的预算——也许除了一只二手的玻璃水果榨汁机。我急需的有,一套外出服。另外一套夏天的外出服,一件家居长袍,以及一副眼镜——不超过七十块钱,可是要等两个星期,这意味着我得预付费用。我提过把母亲的箱子从彼得堡运来,不是为了我自己的感情,而是想在华盛顿变卖里面的东西,好补助我们的生活。不过这还能等。高兴点,可爱的家伙。吃些好东西滋养自己。你的热情让我很快乐,我似乎还能看见你像只大玩具熊一样坐在地板上,在乔的电炉前。

"你千万不要来纽约接我,我说过我没有兴趣到纽约玩,我只想住在那里。特别是现在的情况,我一听到你要陪我在那里过几天好日子,我就快要心脏病发作,当然我想到的是钱。我需要一双大一点的鞋子,但我想等到农历年打折的时候再去买。我和宋淇借了点钱,这真是难受

邝文美和她的先生宋淇。

的事，我不愿意这样破坏我们之间的关系，所以纽约的事，就别提了。"

因为眼疾越来越厉害，张爱玲最后只好开口向邝文美借钱看病——这就是寄人篱下。尽管邝文美、宋淇待她一如既往地热情，但是这样的生活对一向心高气傲的张爱玲来说，必定生不如死：住着人家的，吃着人家的，靠人家给你挣钱机会，还要伸手向人家借钱治病。这一段经历张爱玲终生难忘，这是她最后决定将所有遗产交给邝文美、宋淇继承的根本原因。在情感上，她对邝文美更亲密一些，毕竟她们相同的地方太多：同为女人，还同是上海女人，同为圣约翰大学学生，而且还同样爱好翻译与写作。这两个女人如果不成为密友简直不太可能。张爱玲到了美国，特别想穿旗袍，可是美国去哪儿能定制旗袍呢？她只好求助于邝文美，画下款式、列明尺寸，让邝文美一定要请一位名叫周裁缝的师傅定做，想必这位周裁缝也来自上海，张爱玲在香港期间在他那里做过旗袍。张爱玲在信中提到自己的三围：分别为31、25、36（均为英寸），要求一定要用好的拉链，衣领要衬尼龙底，做得斜些，稍微矮一些，衩不要太高。

时光就在一封封来信中飞逝，终于到了1992年2月14日，邝文美收到张爱玲的遗嘱："第一，我去世后，我将我拥有的所有一切都留给宋淇夫妇。第二，遗体立时焚化——不要举行殡仪馆仪式，骨灰撒在荒芜的地方——在陆上就在广阔范围内分撒。第三，我委托林式同先生为这份遗嘱的执行人。"3年后的秋天，邝文美记下这样的日记："1995年9月9日，中秋节，倒数661天（指香港回归），惊闻爱玲噩耗（孤寂中离开人世，是祸是福？），四十余年往事涌上心头——一天电话不绝烦愁到极点……总解不开生死之谜。"在张爱玲去世8年后，邝文美中风，儿子宋以朗从美国回来照顾她。四年后她以88岁高龄在香港去世。

陈若曦：好像一个小女孩

陈若曦多年以后回忆台北初见张爱玲的情景："终于来了张爱玲。

看了她一眼,我不禁回头瞪了先勇一眼;我说过的,他对女人别具眼光。她真是瘦,乍一看,像一副架子,一由细长的垂直线条构成,上面披了一层雪白的皮肤;那肤色的洁白细致很少见,衬得她越发瘦得透明。紫红的唇膏不经意地抹过菱形的嘴唇,整个人,这是唯一令我有丰满的感觉的地方。头发没有烫,剪短了,稀稀疏疏地披在脑后,看起来清爽利落,配上瘦削的长脸蛋,颇有立体画的感觉。一对杏眼外观滞重,闭合迟缓,照射出来的眼光却是专注,锐利,她浅浅一笑时,带着羞怯,好像一个小女孩。嗯,配着那身素净的旗袍,她显得非常年轻,像个民国二十年左右学堂里的女学生。浑身焕发着一种特殊的神采,一种遥远的又熟悉的韵味,大概就是三十年代所特有的吧。这便是我看她第一眼时的印象,她并不健谈,说话很慢,嗓门不高。一个字一个字咬出来,你必须凝神听,因为她专心一志地说一句话。酒席间,吃饭和回答她两旁人的问话便占据了她全部的精神。她看来非常敏感,羞怯。麦先生说,任何一个场合,若超过五个人,她便感到不安,手脚无所措。那天,我们一共十二个人,她看起来倒没有被吓坏的样子。"

　　也许怕自己描写得不准确,陈若曦补充说:"她以世界人自居,超越地域。她是一个天塌了也面不改色的人,每个动作迟缓而稳当,极具有耐性。她也是一个纯女性化的女人,对服装、发式、衣料、色彩等,见解独到。饭后,我们陪她上街买衣料送给王君的母亲。在三轮车上,她滔滔不绝地畅谈着老式的发髻、香港的旗袍、女人的腰肢等。逛马路时,她谈起对台北的观感,说:'好几年了,台北一直给我不同的印象。到过台北的朋友回到美国,便描写台北的样子给我看,每一次都不一样。这一次,我自己看了,觉得全同他们的不一样,太不一样了,我看着竟觉得自己忙不过来……'她是个极不拘小节的女子,有人认为是迷糊,我想她完全是豪迈,率性,超越繁文缛节,最具赤子之心。住在花莲的时候,她出门都穿凉鞋。也许不惯走多路,有一只脚磨破了。她便在那只脚穿上厚厚的毛袜,另一只脚让它光着,然后,大街小巷地逛去了。十五日，正碰上阿美族在花莲花岗山上作丰年祭，万人争睹。她本来坐在主席台上，因为人多看不清楚，便跑到最前头坐在草地上，舒舒服服地，把那些歌舞尽收眼底。"

张爱玲后来随王祯和去了花莲，陈若曦、白先勇等一帮台大文学青年羡慕死了王祯和，正计划去花莲与张爱玲会合，没想到赖雅在美国突然瘫痪，张爱玲中断计划离开花莲，陈若曦得知后非常失望。她算得上张爱玲的超级粉丝。大学一年级时，偶然在同学家的旧书堆里翻出一本张爱玲的散文集《流言》来。回去连夜读完，熄灯上床时，天已亮了。"《流言》读起来总觉得神笔迭出，处处异想天开，作者的才气、异禀泛滥在纸上，真是十几年来我仅见的一部最好的散文集。其实，文笔还在其次，主要是张爱玲这个人本身太突出了，她是既敏锐又尖刻，任性又坦白。《流言》里几幅仕女的速写更是神笔，有几幅讥讽那些姨太太、外国太太之流的，看了简直要喷饭。卷首的著者近影给我印象更深，那画像充满了生命的跳跃……"

"生命的跳跃"用来形容张爱玲，也形容陈若曦自己，这位出身木匠家的女儿，考取了台湾著名的台湾大学，传奇生命与张爱玲颇为类似。作为张爱玲恩人兼知己的夏志清的情人，陈若曦与夏志清前后有过两段了不了情。后来陈若曦在《坚持·无悔——陈若曦七十自述》中，专辟一章"中国男人的宝玉情结"：

"原配早不满丈夫喜欢中国女生，等发现他和王洞谈恋爱了，竟和人私奔并铁了心离婚。之后夏顺利娶了王洞，不幸生下的女儿有自闭症，为婚姻蒙上阴影。""话说夏公这回认真要求离婚，王洞光念及有病的女儿不肯答应，曾气得拿刀割伤丈夫的手腕。他应邀来柏克莱演讲，我去接机，见面谈起就撩起袖子示伤痕。可见严重性。""热恋中的夏公，言行启人疑窦，王洞为解谜团，用酒灌醉了丈夫，乘机偷了他日夜都系在腰间的办公室抽屉钥匙，连夜奔哥伦比亚大学去。打开抽屉，满满是夏公女性友人的信，最上面一封是刚寄来的信。披读之下，竟是一首露骨的情诗。嫉恨交加之下,她拿去拷贝了几份,分寄台湾报馆和文坛人士,也送了一份给丛苏。"

夏公指的是夏志清,王洞是夏志清的妻子。王洞后来回忆说:"我非常在乎自己的名誉。我不愿替Lucy与Helen背黑锅。《坚持·无悔》一书里,至少有三节写到夏志清,为什么不说她与志清谈恋爱,却要说我跟志清不幸的婚姻?志清的前妻卡洛(Carol)两次被丈夫背叛。一个三十岁的女人决定离婚再嫁,还需'私奔'吗?她分明是给志清及其前妻抹黑。我一个身高不足五尺的矮小女人,怎么有力气捉住志清的手腕来割?她却写'见面谈起就撩起袖子示伤痕',我就拿出一张志清'手腕无痕'的照片示众,揭穿其谎言。志清在家不喝酒,我怎么能把他灌醉,偷他的钥匙?志清不是齐白石(听说齐是钥匙不离身的),也不是工人,一般人回家都是把钥匙挂起来或是放在一个固定的地方。志清用的是一个专放钥匙的小皮夹,一回家就放在他书桌的抽屉里。"

王洞驳斥陈若曦的造假与胡说,但是夏志清出轨陈若曦却是坊间有目共睹的事实,这样的事不是一次而是梅开二度。对于王洞来说,对先生的多情她早就习以为常:"我从来没有想到志清会爱上小他三十岁、其貌不扬的女人。这编辑曾在我家住了两个礼拜。她走后,某日姚一苇、林文月来访哥大,志清请吃午饭,要我作陪。我来到系里时,他们参观哥大,尚未返系。系里的秘书叫我在志清的办公室等。我坐着无聊,无意打开抽屉,发现了许多情书。那位编辑写的情诗,我竟看不懂,拿去请教丛苏。除了我与志清外,丛苏是唯一看过的人。Lucy(陈若曦)跟他交情匪浅,是以得知。志清是性情中人,文章真情流露。我是看了他写的《陈若曦的小说》(《联合报》1976年4月14日至16日),觉得他仍然爱着Lucy(《尹县长》书里的序是奉命改写的)。他不顾我的泣求,继续写文章吹捧Lucy,还到台北会见Lucy的妹妹。我要照顾女儿自珍,不能出外工作,只好忍气吞声,过了十年非人的生活。他退休后,没有女人再送上门来,我们最后近三十年的生活是平静的。我从来不想过去,所以能尽心服侍他。若没有主治医生和我的坚持,他2009年大病后不会活着回来的。我爱我的名节胜过一切,不为逝者讳。志清胸襟开阔,待人忠厚。他有文章传世,世上有几个文人没有风流韵事?正因为他心软,横不下心与情人了断。他太穷,付不出赡养费,也离不起婚。他是一个顾家的人,身后没有留下多少遗产,但他留给我的退休金,使我生活无虞,这点我还是感念他的。"

对于自己与陈若曦的感情,夏志清也并不避讳,他老老实实写信告诉了张爱玲,因为他曾经带着陈若曦去拜访张爱玲。他进入哥伦比亚大学就职之后,追求他的女孩子特别多。"使我动情的第一个女孩子,便是陈若曦(陈秀美,英文名叫"Lucy")。她似乎对我也有意,我便对卡洛说,'我爱Lucy,我们离婚吧'。卡洛大哭一场,Lucy也无真心嫁我,之后嫁给段世尧便回大陆'报效祖国去了'。直至於梨华搬来纽约,我又出轨,卡洛便交了一个男友,决定离婚。并非如陈若曦在其

台湾女作家陈若曦。

《坚持·无悔——陈若曦七十自述》中所说'原配早不满丈夫喜欢中国女生，发现他和王洞谈恋爱了，和人私奔并铁了心离婚'。陈若曦……希望我写序并帮忙她来美，我们旧情复燃，又谈起恋爱来了。她在书里对跟我的两段情，只字未提，却借我与某编辑的一段情，对我的前妻及王洞加以人身攻击，也丑化我。"夏志清是教授，不知道撒谎，对于陈若曦多年之后的创作他大为恼火。他在《张爱玲给我的信件》中说："我写文章，常为女人抱不平。大家都知道我喜欢女人，还以为我有多少女友。我年轻时只心仪两位女士，婚后的情人就是陈若曦、於梨华和某编辑。其实我是很规矩的，女人不主动，我是不会去追的。现在这两位小说家不念我曾经帮过他们的忙，反用真名和化名来丑化我及我的妻子。当年偷了人家的丈夫，现在又昧了良心，给这丈夫的妻子抹黑，凭其生花妙笔，欺骗她的读者。与其叫别人乱说，不如我自己真实道来，将来会写篇文章谈我的感情生活。"

陈若曦痴迷张爱玲与美国新闻处处长麦卡锡有关，麦卡锡推荐陈若曦进入美国马里兰州约翰·霍普金斯大学写作系学习。她的传奇之处在于下嫁学者段世尧之后，于1966年举家前往中国定居。1969年她任教于南京河海大学，五年后移居香港，担任新法书院英文教师。1979年台湾发生美丽岛事件，陈若曦由美返台，带着一封旅美学者、作家签署的信函面呈蒋经国，表达海外学人对此事件的忧心，为高雄事件民运人士求情，认为此事件是"未暴先镇、镇而后暴"，此事在华人圈引起强烈反响。1995年她从美国回台湾定居，被《中国时报》人间副刊遴选为十二位跨世纪作家之一。

第七章

一 / 生 / 一 / 世

"于千万人之中,遇见你所要遇见的人。于千万年之中,时间无涯的荒野里,没有早一步,也没有晚一步,刚巧赶上了,那也没有别的话可说,惟有轻轻地问一声:'噢,你也在这里吗?'"

——张爱玲

漂泊女偶遇流浪汉　有缘人再逢有情事

路不远,雪地上很滑,走起来并不是张爱玲想象的那般吃力。当然,也是很累人。但是比起这一路从上海跑到香港,又从香港逃到美国,这一点点苦实在不算什么。转过一片松林,又转过一片松林,就看到隐约的灯光,还有喧哗的人声。几十间童话般的小木屋散落在松林中,不用说,一间小木屋就是一位作家的工作室。快到文艺营地时,张爱玲被这里的主管伊琳夫人发现。她已经接到通知,今晚有一位从香港来的女作家,猜到这位肯定是张爱玲。她从雪地上跳跃着跑过来,将张爱玲接到分配给她的小木屋。她一个劲地抱歉:"实在对不起,张小姐,因为不知道你什么时候到,所以没能去车站接你,以为你会坐计程车过来。火炉也没有给你生起,你先去大厅吃饭,正是吃饭的时候,快去吃饭,一会儿我来帮你收拾。我们为了节省,聘请的工人极少,许多事都是我们亲手来做,实在抱歉。"

一整天没有吃上热饭,张爱玲实在有点饿,就匆匆拿出镜子将脸面收拾了一下,把乱发掠在耳后,把围巾重新扎好,便跟着伊琳夫人往餐厅那边走。伊琳夫人指着被几十座小木屋围在中间的一座尖顶的大房子说道:"那里就是我们的餐厅,也是我们的礼堂。"张爱玲朝前面看了一眼,只见松林间耸立着一座高大的房舍,宽大的门前就是台阶,台阶上则是一片偌大的空地,张爱玲想象着夏天的夜晚在这里吹着清风,喝咖啡看月亮然后漫谈文学创作,那实在是相当愉悦的事。恍惚中她觉得这里竟然与救世军有点类似,而且这些作家、艺术家都像她一样穷愁潦倒,否则也不会申请来这里作暂时的避难,这就更与救世军如出一辙。

可能，作家、艺术家与流浪汉在某种程度上有惊人的一致吧。

伊琳夫人打断了张爱玲的联想："我们文艺营有规定，早餐、午餐我们会送到每一位作家、艺术家手中，不许他们来餐厅吃饭。因为你们来这里是进行创作的，不是聊天的。两三个月后你们两手空空地离开，那太对不起我们夫人，更对不起麦克道威尔先生。但是夜晚，我们则准备了丰盛的晚餐，还有酒水，我们希望作家、艺术家们都来，喝酒，聊天，说政治，谈艺术。只要你尽兴，谈什么都可以，我们也希望作家、艺术家们在这里能发挥个性，而不是压抑个性。"张爱玲非常认同她的观点，这样说着话，她们就走到了餐厅门前。伊琳夫人道："张小姐，你别紧张，我来把你介绍给这些一身毛病的男孩女孩们。"

伊琳夫人推开弹簧大门，她们微笑着走进去。满满一餐厅的人群全都安静下来，在她们没有进来前，这里面灯火通明人声鼎沸，枝形吊灯下是圆形餐桌，上面铺着雪白的台布。每六人坐一桌，每张桌子上都有蜡烛和鲜花，墙壁上挂着当代艺术家的作品。张爱玲轻轻脱下外面的水獭皮袄，露出一件时髦的网眼薄衫，就近在一张桌子旁坐下来。伊琳夫人却拍拍她的肩膀，示意张爱玲站起来，然后她用勺子敲敲玻璃杯："我们今天迎来了一位新的朋友，她刚刚才到，她是来自香港的小说家，Eileen Chang！大家以热烈的掌声欢迎她。"张爱玲向大家点头致意，一阵掌声响过之后，她坐下来，餐厅里重新恢复了喧闹，很多人将目光投过来，投到张爱玲身上。她假装并不在意，优雅地用银质勺子进食。伊琳夫人就坐在她身边，指着熊熊燃烧的壁炉上方，对她说道："看到了没有？那幅画像，就是麦克道威尔先生和他夫人的画像。当年麦克道威尔先生为了创作，吃尽苦头。他知道艺术家的艰辛，所以才要创办这所文艺营，就是为天下受苦的作家、艺术家尽可能地提供一点帮助。"她接着道："所以，请你不要客气，有困难尽管告诉我们。"张爱玲仍旧客客气气地颔首道："一切都很好！谢谢，谢谢你们。"伊琳夫人道："不要谢我，要谢就谢麦克道威尔夫人，她所付出的一切，所作所为，只是源于对艺术创作和对麦克道威尔先生的爱。"张爱玲轻声问："她还健在?"伊琳疲乏："她身体很不好,她今年九十八岁了!爱情的力量真是惊人,你是写爱情小说的,你一定懂!"

张爱玲点点头,然后缓缓抬起头来,她发现在餐厅远远的另一端,一个男人,一个头发花白、有点落拓的老男人的目光一直注视着她,那目光是期盼的,饥渴的,也是焦虑的。张爱玲只看了他一眼,马上就洞穿了他的内心。

晚餐的时间实在漫长,张爱玲吃得很饱,想退出了,餐厅好像才进入高潮。一位头发凌乱的画家端着一杯酒过来与张爱玲碰杯,伊琳夫人告诉她,他叫维克多。张爱玲出于礼貌站了起来,这时候餐厅开始闹起来,有人伴随着节奏强烈的爵士乐跳起来。有一个家伙喝多了,一下子瘫倒在桌子底下。有人尖叫起来,伊琳夫人道:"这帮调皮捣蛋的男孩,几乎天天如此。不行,我得去照应一下,失陪了,张小姐。"张爱玲向她点头,趁着餐厅的混乱,画家维克多在张爱玲身边坐下来,那个一直在注视着张爱玲的老男人也端着酒杯坐到他们这张桌上。维克多向他举起拳头:"混蛋,色狼,这不是你的领地。"他看也不看他,向张爱玲点点头:"你好,忧伤的女孩,我叫赖雅。"张爱玲忍不住要笑起来,却控制住了自己,向他礼貌地点点头:"幸会,赖雅。"

一般在陌生人面前,张爱玲的话很少。就是在熟人面前,她的话也不多。当然,姑姑和炎樱除外,还有邝文美。这时候,有人站起来走到小小的舞台中央,弹奏起一首动人的乐曲,张爱玲知道是法国作曲家的作品,一时忘了他的名字。那音乐宁静、幽远,配着橘红色的烛光和喁喁私语,让人有一种身世飘零之感。忧伤像月光一样浮起来,张爱玲就沉浸在这样的月光中。维克多看看张爱玲,又看看赖雅,感到自己是个多余的人,生气地端起酒杯离开。另一桌又是一声尖叫,继而一阵狂笑,原来有人将酒浇在一个男人的脖子里。赖雅却充耳不闻,他轻声问张爱玲:"你一直居住在香港?"张爱玲道:"不,我其实真正来自上海。"他夸张地往后一倒："天哪,上海,冒险家的乐园,那可是我最向往的地方,我年轻时曾经有计划前往中国的上海,想体验那份刺激。可是,就在我计划即将付诸行动时,上海变了天,这一定成为我此生最遗憾的事。"张爱玲看着他饱经沧桑的脸,觉得有无尽的话要对他说,是诉说。她从来没有过这样的体验,把一个陌生人视为亲人。她认定他会理解自己,而且他一定能理解她,这真是一件十分奇妙的事。这所有的念头,在他看张爱玲的那一刹那就决定了。就是那一眼,张爱玲认定他们之间会有故事发生,而且一定会是一个浪漫的故事。他们心照不宣地走出了餐厅,下台阶时张爱玲脚下一滑,他趁机握住了她的手,她没有拒绝。他转过脸来问张爱玲:"你住在哪儿?我送你回去。"张爱玲近距离地看着他的脸,那脸色在月光和雪光映照下白得像纸。她慢了半拍回答他:"我住在那边,那边……"张爱玲指给他看。

　　雪地的清冷包裹着张爱玲,让浑身有点燥热的她感到舒服。天上挂着一轮月亮,月光照着雪光,天地之间有一种奇异的明亮。这是一种张爱玲非常陌生的光亮,她十分好奇,四下里看着。他说道:"我送你回去,这里会有松鼠,不咬人的,但是它突然跳出来会吓坏你,女孩。"张爱玲忍不住笑起来,他停住脚步,有点难堪地看着她。他有点得意,把张爱玲逗乐了他很得意。然后他说:"还有雪鸡。"他突然松开手,朝着空中张牙舞爪,喉咙里发出嘎嘎咯咯的惨叫声,把张爱玲吓得毛骨悚然:"这就是雪鸡,哦,还有熊……每天早餐和午餐别放在门外,不管吃还是不吃,一定要拿进屋里。否则,可就成了熊们的美餐啦。"

　　这时候他们来到张爱玲的小木屋前,屋内灯光明亮,床铺也铺好了,壁炉内炉火正旺。这肯定是伊琳夫人吩咐手下工人做的,张爱玲内心充满感激。她转身对他说:"我没有准备,改日再邀请您来做客,再见。"赖雅后退几步:"再见,女孩。"他转身走了,脚步有点蹒跚,雪地上咯吱咯吱的声音越传越远,最后消失在松林深处。张爱玲转身进屋,这温暖的小屋子在这片雪原上出现,真的像奇迹一样。她背靠在门

麦克道威尔文艺营大厅，张爱玲与赖雅在此相识。

上，一抬头就看到对面玻璃窗上的月亮。月亮就如同一个古老的面具，那是老上海的月亮吗？它又像朵云轩信笺上的一滴泪，陈旧而迷糊，那是她17岁时的月亮吗？一定是的，那是老上海的月亮，也是张爱玲17岁时的月亮，它一直在悄悄地跟着她走州过县、漂洋过海，就是为了在异地他乡这样孤独的夜晚来陪伴她。

第二日早晨张爱玲正在收拾房间，赖雅来了。他穿着一件洗得发白的旧衬衫，头发梳理过，但是因为有风，稍稍有点凌乱，脚上一双宽大的半旧的帆布鞋被露水打湿。他手里握住一把刚刚采下的野花："女孩，早上好。"他微微笑着站在门外，早晨明亮的光线从他背后照过来，花白的头发，明亮的眼睛，有点落拓，也有点浪子的洒脱，再加上手中那一束野花，还是张爱玲最喜爱的水手蓝的野花，真有点让她喜出望外："啊，好漂亮的野花。"他说："你不知道吗？这是美国最有名的野花，蓝帽子花。你看看，像不像一顶顶女孩子们喜欢的蓝色小帽子？"张爱玲凑近了一看，像，真像蓝色的小帽子。他快步进来，找了一只玻璃杯，灌满了水，将那束蓝帽子花放在她的书桌上，木屋内顿时生动起来。张爱玲在后面看着他，心里却在想：这老家伙玩起浪漫来可一点不输小伙子。他这漫漫一生,在美国,在好莱坞,面对无数如花似玉的女孩子,不知起过多少花心。张爱玲喜欢这样浪漫不羁、经历丰富的老男人。他们,也只有他们,才能满足她伤痕累累、同样历尽沧桑的心。

春天已经来到这片山野,冰雪融化,松林间野草野花疯长起来,没几天时间就是青绿色一片,到处充满勃勃生机。张爱玲和赖雅去木屋外的松林间散步。这条路他们已走过很多次,慢慢就在青草间踏出一条小路。这是六月的午后,因为季节的关系,这里春天姗姗而来,阳光照得人昏昏欲睡,与上海的三月感觉差不多。也许,全世界的春天都是一样的。只是这里没有杨柳,看不到柳絮纷飞如雪的样子。张爱玲心情很好,微笑着走在他的身边。有时候快步上前,弯腰采下一朵野花,那就是蓝帽子花,张爱玲把花贴在鬓边比一比,然后又放下。

赖雅快步走上来,额角沁出细密的汗水。他们走到一处平坦的草地上,张爱玲解下围巾铺在地上,然后一同坐下来。赖雅看了张爱玲一眼:"你在香港,或上海,都做过什么职业?"张爱玲说:"我一直是作家,全职作家。在香港,我做过一阵临时性的翻译,很短的时间。"他点点头:"我做过记者,我怀念那样的时光。那时候我年轻,那是第一次世界大战,那时候,你一定没有出生。我就是从那时候开始写作,写报道,写杂文,也写电影剧本。后来在好莱坞混过一段时间,写过很多剧本。"张爱玲转过脸看着他:"这和我太相像了,我也写过很多剧本,在上海。你的剧本都拍了吗?说不定我还看过呢。"赖雅说:"拍了呀,当然拍了,不拍的剧本,放在抽屉里,那不算。拍我电影的,米高梅,雷电华,好莱坞的七大制片公司都拍过我的电影。"张爱玲专注地看着他:"那你报出名字看看。"他想了想:"很多都是几人合作的,《世界、肉体、魔鬼》是由我一人编剧,但是米高梅公司一直还没有发行。这个片子阵容最强大:黑人歌星兼影星贝拉方德、梅尔菲勒等出演曼哈顿被炸毁后仅存的几个人,这部影片是近似科幻片的灾难片。我还有至少六部小说搬上银幕,只有其中一部《等一会儿太阳就要出来了,耐莉》不是我编剧的,这部影片由二十一世纪福克斯公司发行。"张爱玲说:"是吗,那你在电影创作上是我的老师,好莱坞的大牌编剧,你肯定挣了不少钱。"他抬起目光,眺望着远处:"嗯,挣了太多的钱,有一个时期,钱多得花不完,夜夜狂欢,身边朋友多得数不清,大家都花我的钱,连德国著名剧作家布莱希特也来找我,他是我最要好的朋友。"张爱玲道:"布莱希特?他现在可是大名鼎鼎的名人。"他说:"那是,他太有名了,来信让我去德国跟他混,我很高兴,变卖一切去了德国找他。他又冷淡我,不太理睬。"张爱玲摇摇头:"那你,不是很生气吗?"他转身好像无所适从的样子,手揪着地上野草:"男人嘛,算啦,这是命中注定的,奈何不得。我现在无家可归,流落到这里,也是命中注定,我不在意,谁让我攒几个钱就行,花光了再挣。所以我的太太和女儿离开我,也是自然而然的事。我还会写小说的,我有十年不写小说了,来文艺营就是想写一部长篇小说。"张爱玲说:"我很想看你写的小说。"他说:"我手头已没有,我最后一部小说是十年前出版的,叫《我听他们歌唱》,现在哥伦比亚大学图书馆里仍然有,我借出来看过,可能看的人很多,那本书就翻得有点烂了。"

男编剧求爱似电影　女作家应婚像小说

白日温暖如春,夜晚来临的时候气温陡降,这应该就是中国人所说的"倒春寒"。张爱玲匆匆吃了点晚饭,独自回到小木屋。赖雅远远地注视着她,却没有跟上来。这个晚上张爱玲独自一人,屋子里还是有点阴冷,她生起了壁炉,然后靠在壁炉前沉思,眼前出现的全是赖雅的影子。而此刻的她也恍惚如置身电影中。

凭良心说,和赖雅在一起,或者与他在林中漫步,看着他靠在壁炉前说他的传奇往事,这都是张爱玲一天中最幸福的时刻。只有在这夜深人静的时候,张爱玲才感觉到自己多么需要他,需要这个美国老男人的陪伴——不仅仅因为心灵孤独，也因为生存所必需。从前她对美国充满幻想，玫瑰色的幻想，多少带点浪漫。但是真正进入美国才知道，美国绝对不是天堂，在美国生存下去是如此之难。张爱玲现在一无所有，举目无亲，就不要说炎樱了，连适之先生对她也无能为力。在文艺营只能住两个月，两个月的时间转眼即到。当然，也可以申请延期，但是延期的批准难上加难。因为申请来这里的多半是衣食无着的流浪艺术家，谁都想一劳永逸地住在这里不想离开。但这是不可能的，文艺营也负担不起。即便网开一面批准延期，也只有两个月时间，两个月后还得要离开。现在让张爱玲揪心的是，到期后她将搬到哪里？炎樱那里？不可能，她现在正打算离开，连她自己去哪里也没有着落。再去救世军难民营？那里太可怕，不可能再去与小偷、乞丐、流浪汉为伍。那么眼下怎么办？她才35岁，还年轻。要写作，要在美国活下去，取得成功，不能永远这么流浪下去。一个寄身之所，一个生活伴侣对她来说必不可少。眼前这个老浪子赖雅，无疑是最合适的人，他们不但境遇相同而且志趣相投。他有才情、有品位、有情趣，还懂浪漫——唯一缺少的就是钱。如果他再年轻一点那就更加完美了。但是这个不要紧，钱他们可以慢慢来挣，总能活得下去。两个人在一起总比一个人孤独地生活要强，更何况他是一个美国人，一个在美国生活了一辈子的老男人。更重要的是，他爱她——可以看得出来，他看到张爱玲的第一眼就爱上了她。对于张爱玲或对于他来说，他们都是对方眼里一根救命稻草，他要死死抓住她，她也要死死抓住他，再不肯撒手，再不能撒手。

张爱玲决定主动一点，打算去看望他。她精心打扮了一下，穿着母亲送她的薄薄的收腰呢大衣，咖啡色，扎着一条水手蓝颜色的纱巾。她来到赖雅木屋附近，发现他的家门窗紧闭，她怀疑自己是否过于唐突了一点。他是不是创作过于忙碌？他起码有四五天没有来看过她。张爱玲在离他木屋还有几棵松树的地方徘徊，没想到竟然被他看到了。他裹着一件旧风衣打开了门："女孩，你好。"

他走到张爱玲面前,脸色有些苍白憔悴。看着他的窗户上挂着厚厚的帘子,张爱玲说:"你应该把窗户全打开,你太需要阳光。你看,这阳光多好。"他点点头,眯起眼睛看了看太阳。太阳隔着云层照下来,阳光其实并不太好,天气有点阴冷。他说:"我这条老膝盖痛得要命。"他捶了捶腿,张爱玲说:"不打算邀请我去你屋子里坐坐?"他显得有点矛盾,然后说:"屋子里充斥着一股腐败的老男人的气味,会熏得你头晕目眩。"张爱玲说:"我不在意。"他说:"那好,那我很荣幸,请!"他做了个邀请的姿势,张爱玲随着他进了他的木屋。木屋不是她想象中的零乱,一切陈设井井有条。她走到他桌前,他却说:"回头,回头,向左边看。"张爱玲很好奇,一时分不清左右。他道:"看我床头,床头。"张爱玲的目光落在他床头,那上面摊着一本书,是她的一部长篇小说。她惊喜万分:"天哪,你在哪里找到我的小说?"他得意极了,却故意卖关子不说:"你听我说,你是一个伟大的作家,这一点我深信不疑。"

那日晚上,赖雅喝了不少酒,他们两人完全忘掉置身的文艺营,旁若无人地交谈着。维克多再不来打扰,他已视张爱玲为赖雅的人。他们一直谈到餐厅里曲尽人散,员工们在收拾餐桌,两人才离开,到张爱玲的屋子里继续交谈。也就在那日晚上赖雅留了下来,张爱玲也希望他留下来。在温暖的壁炉前,他吻着她,她也吻着他,这是他们第一次接吻。张爱玲想,自己这一辈子再也离不开他,这个比她父亲还苍老的老男人,她真的离不开他。

第二日张爱玲早早醒来,想赶在赖雅醒来之前将自己收拾得整齐干净,她不愿意自己蓬头垢面的样子被一个男人看见。但是刚刚睁开眼,就发现他早已醒来,并且用父亲一样的眼光温和地注视着她。她忘不了他那父亲一样温暖的目光,那目光让她无法躲避。看到她醒来,他微微一笑,然后将张爱玲拥抱在怀中。他是那么高大魁梧,即便现在年老,他的胳膊仍然有力。张爱玲一动不动地躺在他的怀中,静静地感受着他的体温，那是一个男人的温暖，让她安心，这是她长久渴望的。她一直不知道，也没有想过。但是，在这样一个天色微明的异乡的清晨，当她切切实实地拥有他时，她才感到自己是多么的渴望，她渴望了很多年。

他们就这样相拥了很长时间，张爱玲拱动着身子想起来，他将她拥抱得更紧一些，然后说道："别动，女孩，我们好好说说话，好不好？"张爱玲从他下巴上仰起脸来看着他。"我很害怕婚姻，你懂吗？"张爱玲没有说话，他又说："我有过一次婚姻，应该说她是一个精彩的女人，十几岁时就从事女权运动，还给我生下一个好女儿，菲丝，可惜她们都没有拴住我的心。年轻的时候我的心是狂野的，渴望动荡或流浪，渴望刺激，我不喜欢婚姻。所以，从此以后我再没有过稳定的家庭和婚姻。"张爱玲知道他的心思："婚姻有那么糟吗？可能，你没有找到合适的女人，与你相配的女人。"他说："你说我上哪儿去找？"张爱玲忽然幽默地说："你眼前就有一个现成的。"他哈哈大笑起来，将张爱玲拥抱得更紧了，然后情不自禁地吻着："好的，这是现成的，我的，女孩。"

一场雨水之后，太阳出来了，真正的春天也来到了这片冷清的山野。他们几乎放弃了写作，整天待在一起。为了怕引起伊琳夫人的注意，他们吃过饭后就到松林后面去，躺在草地上长久缠绵。春天真是个美好的季节，从前无论在上海或香港，张爱玲几乎不太能感受到春天的气息。只是偶尔从外面逛街回来，感到太阳特别有热力，她就脱掉外套拿在手里，露出里面薄薄的春衫。看着悬铃木冒出嫩芽，这就是张爱玲眼中的春天。

但是在乡野里，春天完全不是这样，所有的野花全开了，蝴蝶种类很多，飞来飞去。还有很多蝗虫，各式各样的，跳到你的头发上或衣服上，红的或绿的，红得奇特绿得也奇特，那颜色令人着迷。一眨眼，它们又跳走了，只是闪了闪，就不见了。鸟儿也很多，还有鹿，有着漂亮的角的鹿，它在草地里埋头走着，突然出现在他们面前，它吓了一跳，他们也吓了一跳。赖雅道："鹿，鹿。"鹿一跳就不见了，它胆子真是太小了。鹿走后他们长久地不说话,这一个月来的夜晚,他们几乎将这辈子所有的话都说完了。他看着张爱玲,张爱玲看着他,他凑上来吻着她。她斜依在他身上,任他亲吻。太阳照着这片无人的荒野,张爱玲似乎像受热的巧克力一样,要融化成一摊咖啡色的液体。

夜晚在餐厅吃饭时,伊琳夫人找到了赖雅:"赖雅先生,我想你应该很清楚,你的居留期到今天已满,我们特别给你三天时间收拾行李,可以吗?"伊琳是附在他的耳朵上说的,赖雅点点头。那晚上他有点失魂落魄地走出了餐厅,张爱玲跟随着他出来,知道是通知他离开文艺营,近几天这件事一直是他的一个心病。他站在松树下喃喃地说:"现在延期居留很难,而夏秋两季文艺营的名额已满,新来的艺术家急着要进来,我们不走,他们无法进入。"张爱玲道:"不必忧伤,我过不了多久也要离开这里,我们在一起,没有什么克服不了的困难。"赖雅在黑暗中拥抱着她,她看到他眼中点点泪光:"我不伤感,女孩,这是一个很美好的春天,整个春天我在这里过得很愉快,因为我在这里遇到了你,我们能够在一起,没有比这更美好的事,女孩。一切都是暂时的,我们在一起才是永久的。"张爱玲点点头,他再次拥抱她,张爱玲道:"你一走,这里只剩下一片荒野松林。我,很快也要随你而去。"

当日晚上赖雅又住在张爱玲的房间。第二日一大早,在所有的人都还在睡梦中时,张爱玲陪着他离开了文艺营地。她送他到前面路口搭乘灰狗巴士去萨拉托加小镇,他要在那里暂居一段时间,一边完成他手中正在创作的一部小说,一边是再等一等,因为他又向纽约州北部的耶多文艺营提出申请,希望能入住。他们一直站在青灰色的黎明中等待,曾经将张爱玲送达这里的灰狗巴士终于姗姗而来。在巴士即将离开此地时,赖雅打开车窗向她挥手告别。张爱玲将一个信封从窗沿上滑下去,那里面装着一笔钱,一笔足够他维持一个月生活的钱。

赖雅走了,把张爱玲的心也带走了。张爱玲好像不怕孤独,但她害怕离别,这样的离别让她满怀忧伤。她想哭,想流泪,每当一个人散步

张爱玲工作室，她与赖雅在这里发生第一次幽会。

到文艺营前面的十字路口时，眺望着灰狗巴士消失的方向，她的泪水就要流下来。她不是一个爱哭的人，有时候心如铁石。但是和赖雅在一起的这段日子，她的心变得异常柔软。对她来说，这是非常新奇的体验。他显然也是充满离愁别绪，从他的来信中可以看出来。张爱玲相信他这一生不知结交过多少美丽女子，相逢过多少露水姻缘，来了走了，他肯定不太放在心上。但是像张爱玲这样的东方女人，对他来说绝对是第一个，而且是最特别的一个。最为特别的是，他们同为作家，同是编剧，共同的兴趣爱好让他们心灵更容易交流。更何况，他现在已经65岁，一个65岁的老头，对人生、对岁月、对命运，有了更深切的理解和感受。他对她的依恋，其实也可以说是对生命的眷恋。

尽管文艺营与萨拉托加小镇相隔并不太远，但是张爱玲没有去看过他。只是给他写信，几乎每天一封，贴好邮票，然后步行到灰狗巴士车站，投入邮筒。她把他当成交往多年的老友，向他诉说自己的烦恼和苦闷。当时她也正愁着下一个去处。文艺营不可能久住，而纽约房租又太贵，她，也许还有他，他们将流落何方？张爱玲手头的钱已经不多，小说如果没有写完，将来靠什么为生？生存的压力将她压得喘不过气来，和他相识的快乐正逐渐消散，烦恼和不安重新笼罩在她的心头。她知道他也没有解决问题的办法，只好想办法延期。她向伊琳夫人递交了申请，希望这个好心的女人能够格外开恩，在秋天来临之前让她免费栖身，继续留在这里完成这部叫《粉泪》的小说。她对这部小说充满信心，希望它能被出版商接受，能畅销，能有一大笔版税让他们过上一段富裕的日子。

信写完后张爱玲读了一遍，读到最后她鼻子发酸，字里行间透露出一个无家可归的人在衣食无着之际的茫然与无奈。也无法想象，曾经一身盛装行走在上海街头的最后的贵族，现在为了一口饭、一张床，竟然动用如此令人心酸的字眼乞求他人怜悯，张爱玲差点将信撕掉。两天后她说服自己，到底还是眼一闭，将信放到伊琳夫人的窗台上，她实在没有勇气当面将信直接交到她手上。

就在信交出的第三日，早餐后张爱玲呕吐不止。一开始以为是着了凉，但是紧接着中餐和晚餐都吐了出来。因为例假久久不来已经让她惶恐不安，现在又开始呕吐，更加剧了她的怀疑。屈指一算，她认定自己怀孕了，她马上写信告诉了赖雅："我可能怀孕了，此刻我感到茫然失措，不知道怎么办。我无意增加你的负担和困扰，也知道你是一个自由惯了的人，但是我在这里没有亲近的朋友，没有人能够帮助我，我必须立刻见你一面，三天后坐车来。"

信发出的第三天，张爱玲估计他已经收到，不等到他回信，她就坐着灰狗巴士来到萨拉托加小镇。这时候已接近初夏，她穿着一件藕荷色、洒满淡竹叶的旗袍出现在灰狗车站，立即引起当地人好奇的目光。赖雅很高兴，打着领带，手里还捧着一束鲜花来接她。天知道他在这里等候了多长时间。张爱玲下车看到他的一刹那，眼泪止不住流下来，仿佛见到久别的亲人。把他当成了亲人，一厢情愿地把他当成亲人，她在美国需要一个这样的亲人。赖雅有点惴惴不安地走到她面前："你愿意嫁给我吗？"张爱玲的泪水又流淌下来，他拍拍她的肩膀："放心，没事，一切都会好的。"

他们先到一家咖啡馆坐了下来，他似乎想了半天，才说："我太老了，真的，我负担不了一个孩子。虽然我们了解得远远不够，但是我们共同的地方太多，这真的很神奇。一个西方老头，和一个东方女孩，有这样多的共同点，真是太神奇了。更重要的是，我爱你。女孩，真的，我爱你。但是，我太老了，我后悔，到这么老了才见到你，这是上帝的安排，我没有办法。我下个星期就67岁了，我想，我们马上结婚，我在收到你的信后，马上就给你寄出了求婚信，这封信现在一定到了文艺营。但是，我们不能要这个孩子，女孩，你说呢？"其实在发现自己怀孕后张爱玲就做好了准备，不能要这个孩子。现在他们居无定所，自己都养不活自己，再添上这个孩子，可怎么活下去？张爱玲道："我愿意和你在一起，也认为没有精力负担一个孩子，我同意流产手术，但是希望你能陪伴我。"他松了一口气，面露微笑："好的。"他喝干了咖啡，微笑着看着她，然后起身拉起她的手："走，我们先回家。"

堕胎请黑医很无奈　中风不治疗真心酸

两人商议的结果是于近期到圣彼得堡去做手术，但是稍稍等几天，等待他那边的消息，也等待张爱玲这边的消息。当天晚上张爱玲住在他萨拉托加小镇的家，匆匆吃了点简餐，然后就上床。他一直用胳膊肘支撑起身子看着张爱玲，或者偶尔也会用手抚摸张爱玲的肚子。月份还太小，摸不到什么。只是张爱玲的胃口大得惊人，饭量涨了三倍以上。乳房一向是小的，孩子式的萌芽的乳。但是因为怀孕，变大了许多。可是平躺着睡下，就不太能看见。

赖雅亲抚着张爱玲，忽然坐直了身子，看张爱玲愁容满面："女孩，没事的，别操心，会有办法。没有钱也会有办法，这都是上帝的旨意。我当年在哈佛，和一个漂亮极了的女孩相见——当天我身无分文。"看到张爱玲脸上流露出不快，他说："女孩放心，我和她什么也没做，我们只是去洛杉矶的一家高档餐厅吃了个饭。女孩点的单，那一桌起码几百美元，可我当时身无分文，真的，身无分文。眼看着要结束了，侍者等候在一旁，我这才装作去洗手间，然后找到老板，告诉他我是个作家，没想到这一桌吃了这么多，我会来付这笔钱，但是今天没有钱。如果相信我，请高抬贵手在美女面前给我一个面子。我从口袋里掏出一部刚出版的小说送他。也许是文学的力量打动了他，也许他也曾经是个文学爱好者，他很大度地挥手放行，还对我说他从前也有过类似的难堪，他相信一个作家的承诺。可是后来我一直没钱，欠餐馆那笔钱再没有还过。几次去洛杉矶，宁愿绕道也不从餐馆门前经过。"赖雅得意地哈哈大笑，张爱玲也感到很好笑。有可能，他连她堕胎的钱也要赊欠吧，张爱玲这样想。

第二日回到了文艺营，张爱玲收到了他的求爱信。尽管他已口头向她求婚，但是收到他这封求爱信张爱玲仍然感动。那一刻她爱他胜过爱她自己。她是一个自私的人，这一点她从来不加掩饰。但是面对赖雅，张爱玲的爱算得上伟大而无私。她愿意倾其所有来帮助他，以身相许当然更不算什么，所有的付出都源自于她爱他。和他在一起，她是个最幸福的女人，生活上的困扰根本不算什么。喜欢一个人，是不会有痛苦的，爱一个人，也许有绵长的痛苦，但他给她的快乐，也是世上最大的快乐。

伊琳夫人来找张爱玲，告诉她她的延期申请被婉拒，因为早已安排好别的艺术家入住，一年后她可以再次向他们提出申请。这也是张爱玲意料中的结局，她谢过了她，准备到期就搬离文艺营。她已经够幸福的了，在这里幸遇赖雅，还有什么不满足？张爱玲一边写着她的小说，一边收拾行李。而赖雅的另一封信也到了，他告诉张爱玲，他申请的位于纽约州北部的耶多文艺营的请求得到批准，但是时间上只有短短的六个礼拜，而且马上就要起程，否则申请作废。他的计划是张爱玲如果能在这里续住，那他到时会来接她。如果张爱玲马上就要离开文艺营，那就到圣彼得堡租一个假期分时公寓，然后等他结束耶多文艺营的创作后，他们在圣彼得堡相聚。张爱玲虽然觉得这样一来时间拖得太长了点，但是也没有办法。她看得到他的犹豫，因为在信的末尾他说："要是生个小赖雅倒也是不错的一件事。可惜，我们真是相见恨晚，我已进入晚年，太晚了些，太晚了些。"他是这样认为，张爱玲也是这样认为。但这只是一瞬间糊涂的想法，这样的事不可能成为现实，因为他们面对的现实实在太残酷，容不得半点浪漫。

张爱玲没有给他写信，不知道他是不是已经离开萨拉托加小镇，也不知道耶多文艺营的地址。离开这里后张爱玲搭乘灰狗巴士来到圣彼得堡，先在汽车旅馆住下，然后联系到了炎樱。炎樱已经离开了维克多，目前正单身。当然，她和George相处得挺好。得知张爱玲怀孕了，她难以置信，然后她专程从纽约过来看她。看着张爱玲的腰身，她说："根本看不出来，一点也看不出来。"其实张爱玲让她看时是吸了一口气的，如果放松身体，很明显可以看到腹部有微微的隆起，只是微微的隆起。

炎樱陪张爱玲吃了饭后就离开，好在这时候张爱玲对美国比较熟悉。她并不急，因为赖雅还有一个月才能回来，何况汽车旅馆并不贵。她笃定地整理着自己的东西，然后在赖雅快结束耶多文艺营的创作时，她通过中介租了一个季节公寓。那时候是八月，正是圣彼得堡最美的季节，许多主人外出度假，他们把房间稍稍整理一下用来出租，张爱玲和赖雅就住进了这样的公寓。他们费了很大的劲才找到愿意上门来堕胎的医生，约好了时间，张爱玲在家洗了澡。她一般从来不在白天洗澡，那天破了例。等待的时间非常漫长，她的心忐忑不安。这时候算一算已经四个月，月份可能太大。这方面的事她也不懂，但是在小说上看过，好像说三个月就不能打，危险，这个人居然答应了，看来他有办法。这个澡张爱玲洗得特别仔细,洗完后特地换上一件黑色套头背心,淡茶褐色斜纹布窄脚裤子。赖雅只喜欢张爱玲穿长裤子和乡居的衣裙,大概是喜欢朴素的村妇的样子,但是张爱玲不愿按照他的喜好来打扮。偶尔碰巧穿了一套这样的衣裙,他很欣赏,她也不在意。

等待了很长时间,有点无聊,赖雅道:"生个小张也是好的。"他说了好几次,这一次有点迟疑。张爱玲态度相当果断:"我不要,坚决不要,在最好的情形下也没有要——那时候又有钱,还有可靠的人带,我也不要。说真话,不要孩子不仅仅是经济问题,也是心理问题。"赖雅奇怪地看着张爱玲:"心理问题?"张爱玲点点头:"是的,我一向不喜欢小孩子。"

看看时间快到了,张爱玲让赖雅避出去。他走后不一会儿,果然门铃响了。张爱玲走过很大很空旷的客厅,把门打开。门外站着个矮墩墩的三十来岁的男子,深褐色的头发,穿戴得十分整齐,相貌平平,毫无特色。他手里拿着个公事包,像个职业掮客,又是一副戒备森严的样子。张爱玲道:"这里没有人。"她领着他进了卧室,在床上检验。他脱下大衣,穿着短袖衬衫,从公事包里取出许多器皿消毒。张爱玲看他拿出线来,脱口而出:"这是什么?"他停住了手,大概嫌张爱玲多事:"药线。"他惜字如金,只说了两个字。

张爱玲大吃一惊,原来他堕胎不用药只用药线。这是比较落后的方式,她在《歇浦潮》里看过,那妓女道:"老娘的药线。"张爱玲记得很清楚,可能她经常堕胎,自备的药线。但是这种古老落后的方式在美国至今还在沿用,这让她有点担心。张爱玲想叫赖雅,但是已经不行,不知道他现在在哪里。死在民初上海接生婆手上,她以为是理所当然。但是如果死在美国纽约的庸医手上,她会死不瞑目。难道漂洋过海来到美国,就是为了送死?但是这时候怕是没有用,没有人能救得了自己,包括避到外面去的赖雅。张爱玲想,女人常常是要把命搭上去的。生死是命,富贵由天。

他细心地在里面操作，张爱玲一点不痛，只有很轻微的感觉。她睁大眼睛看着他，感觉自己像浮荡在水中。一会儿他完成了操作，只用了一会儿，快得让人不可思议。他说："好，现在你坐起来，穿上衣服。"张爱玲坐起身来，这时候才感到一点别扭，因为有线从那里挂下来，一直挂到膝盖上。他说："这个要露一点在外面，不要紧的。"张爱玲问："万一打不下来怎么办？"他说："难道你让我切割你？"他这样一说张爱玲更加害怕，以前只听说过"刮子宫"，以为是小得不能再小的手术。他这样一说像大卸八块，令人恐惧。张爱玲穿上裤子，却愣着，忘了付他的钱。他不说，站在张爱玲面前有点不安。张爱玲才突然想起应该付钱，是四百美元。他接过钱，说："你放心好了，有事请打这个电话，叫玛莎，她会指点一切。"张爱玲怀疑这个电话是假的，或者根本没有玛莎这个人。但是这时候已没有退路，只有听天由命。她忍住隐隐的疼痛，有点不放心，又问了一句："要是打不下来怎么办？不上不下的，卡在那里。"他说："不会的，这个还从来没有发生过，你放心好了。"

他一下楼，赖雅很快就上来，手里多了一把斧头，不知他打哪儿找来的。他向张爱玲解释："其实我并没有走远，就在楼道里，我准备好了，万一听到你的惨叫，就用斧头劈了门冲进去，有一把斧头，我不怕他。"张爱玲好奇他手里的斧头，他说："你没看到这里的壁炉吗？这里有暖气，但是他们还是准备了壁炉，纯是为了情调。有壁炉，肯定要斧头来劈柴火。"张爱玲把膝盖上的药线牵出来给他看，他不明白中药的药线与堕胎有什么联系。张爱玲费了很大力气解释药线用草药煮过，用它来扎系一切痔疮、瘿瘤结缔处，几天后它们就会慢慢变黑，然后自动脱落。那么这个没长成的婴孩，也被当作瘿瘤处理。

他听着眼睛一眨都不眨，最后还是似懂非懂。张爱玲也没有兴趣再向他解释，只好随他想去。他做了意大利面，张爱玲一口吃不下。看看那根药线，像炸弹的引线一样恐怖。几个小时过去了，仍然没有发作，张爱玲就给玛莎打了个电话，她也说不出所以然来。放下电话肚子就开始痛，痛得翻江倒海，最后滑出来一个肉块，是新刨的木头那样的淡粉色，剥皮老鼠一样，被一层血水裹着。凹处凝集着鲜血勾画出的轮廓，双眼突出——是一双环眼，大得与身体不成比例。

张爱玲不敢再看下去。休息了半个月后，她决定和赖雅结婚。他们就在圣彼得堡租了一套很小的房子，婚礼确定在十一月。那时候张爱玲有一部小说在美国一家双周刊上发表，台北的《文学杂志》也发表了她的《五四遗事》，张爱玲把稿费全用在婚礼筹备上。说是婚礼，其实那是寒酸的，简单的，只邀请了不多的几个美国友人：救世军主管玛莉·勒德尔，还有炎樱，以及赖雅的女儿菲丝。那是个快乐的女子，她也嫁人为妻，带着她的先生一同来参加。

菲丝和张爱玲年龄相仿，但他们只是礼貌地略略坐了坐，在饭店举行的晚宴也没有参加，这让张爱玲非常失落。她曾经深受继母伤害，决定与赖雅结婚，就暗暗在心底里发誓一定要和他的女儿菲丝友好相处，最好像真正的母女一样。因为张爱玲太明白，面对继母，女孩子心灵所受到的创伤。赖雅起初根本不想邀请菲丝，是在张爱玲再三要求下他不得已才把他结婚的事告诉了菲丝。结果，菲丝来是来了，只和张爱玲礼貌地点点头，略略坐了坐，这在张爱玲心中蒙上一层阴影。

初相识时的张爱玲与赖雅。

他们在酒店订了两桌，两桌上没有坐满，稀稀拉拉的，结果退掉一桌，将两桌人并拢到一块才稍稍像样些。炎樱是证婚人，她为张爱玲的婚礼花了一番心思。张爱玲心里虽然很高兴，但是确实没有隆重打扮自己的兴趣。她的衣着很普通，外面是一套暗灰色薄呢窄裙，脚上是一双瘦伶伶的半高跟灰色麂皮鞋。考虑到外套可能过于沉闷，与婚礼气氛不协调，她将重点放在内里：里面还是那件豆青色的旗袍。头发梳得丝毫不乱，长颈上系了条红丝巾，可不是胡乱搭在那里，而是巧妙地协调衣服的色泽及脖子的细长。头发吹成微波式，及肩，用漆黑发夹随意绾住，托住长圆脸盘——张爱玲从不认为自己是个美人，但她应该独一无二。炎樱对张爱玲的形象很满意，她比张爱玲还兴奋，牵着张爱玲的手道："赖雅先生，张爱玲是我最好的朋友，我爱她胜过爱我自己。今天，我把她交给你，你一定要像爱你自己一样爱她。否则，我有一天要收回她，让她离开你，让我们重回过去的时光，你应该相信，我们说到做到。"

赖雅像个做错了事的男生，脸红得像猴屁股那样。久经欢场的老男人也有这样害羞的时候，张爱玲确实没有想到。可能在心底，他仍然是个不谙世事的大男孩，一定是这样。如果他饱经世故，以他的资历和在好莱坞曾经的名气，他不可能潦倒成这样。看来，不管是中国书生还是美国书生，本质上他们都是一样的。

婚礼结束后，几位不多的好友各自散去。张爱玲和赖雅坐计程车回来，一进楼道张爱玲习惯性地打开信箱，在里面发现一张支票，是定居在伦敦的母亲寄来的，收款人是赖雅，一共280美元，是丈母娘给女婿的贺礼。赖雅大吃一惊，继而感动得要死，因为美国人一向没有这样的习惯，他认为这个中国的丈母娘客气得有点过分。他吻着支票像年轻人一样敏捷地跑上楼，然后在门口将张爱玲拦腰抱起来。他的身子虽然摇晃了几下，但是他还是抱起了张爱玲进了门，然后将她放到床上，发了疯地吻起来。张爱玲紧紧抱住赖雅再不撒手，好像只要她一撒手，他就会长出翅膀飞走。

母亲寄来的美元在桌上放了两天,两天后赖雅道:"我去将钱提出来,我们就用它来环游纽约,就算是蜜月旅行。"张爱玲很高兴,立马同意。他们随后就去了纽约,纽约市区很大,花了两日时间才差不多将主要景点都游了个遍,第三日张爱玲催促赖雅回圣彼得堡。赖雅当时坐在一处铁桥桥头的台阶上,他拍拍额头道:"有点晕,我稍稍坐会儿。"张爱玲并不在意,手扶着铁栏,欣赏着水岸的风光。她一站就是半天,发现身边坐着的赖雅没有动静。低头一看,他眯起了眼睛,脑袋歪在铁桥栏杆上。张爱玲上前拍拍他:"你怎么啦?"他摇摇头道:"没事,走吧。"他手扯着膝盖用力站起来,却没能站立起来。张爱玲上前想扶起他,他往前一跌,扑倒在地,并且开始呕吐。张爱玲慌了,看样子他像是中风,这是他的老毛病,已经犯过几次。张爱玲赶忙招手叫计程车,将他送到医院。他在迷糊中似乎知道了张爱玲的行动,用力阻止她:"我们,先回家。"张爱玲道:"不,不,你很危险,我们要去医院。"他结结巴巴地说:"我们,没有钱。"张爱玲突然泪流满面,恳求他:"你不能走,全世界可以遗弃我,你不可以,你不能——"

小女儿无情伤透心　　老母亲重病痛断肠

赖雅在医院住了半个月,然后出院回家。到家时发现门洞大开,屋子里东西散乱扔了一地,包括张爱玲的手稿和姑姑让她随身携带的私家照相簿。很明显,他们遭劫了。小偷可能看他们实在太穷,相当生气,把放在箱子里来不及整理的东西扔了一地。姑姑让她带出来的几样老货,全被梁上君子悉数拿走。给他们剩下的,就是一个扔满了手稿的空房子。这个小偷可能也没什么文化,不懂得手稿珍贵,只将它们当成废纸。

张爱玲几乎瘫在地,赖雅倒不显得太吃惊,也许在他的生命里,经历过更为惨烈的天灾人祸,遭遇小偷对他来说不值一提。他平静地坐着，看着面色悲伤的她，宽慰地笑着："女孩，别难过，别难过，好在我们没损失什么，我们的钱就在我们身上。"他的气色明显好转，坐了一会儿，他站起来试图要收拾屋子。张爱玲注意到他的身手，比较灵活，这多少让她有些安慰。他确实在慢慢恢复，虽然很缓慢，但是毕竟一天比一天好起来。老天不会总是瞎了眼，总还是会眷顾着他们。他们也会一天天好起来，两个人的好日子肯定还在后面。

张爱玲花了三天时间，把房子重新收拾得整整齐齐，赖雅也配合着干活。几天后，他就能下楼了，帮着她做杂务，比如跑邮局和银行，到杂货店买拖把和水桶、刷子等等。起初张爱玲不放心："还是我去吧，你在家里帮我守着门。"他似乎想逞能，这一点他有点像小男孩，希望得到妈妈的夸赞，他说道："我行，我行的，没事。走了，女孩。"张爱玲还想说什么，他已经随手带上沉重的铁门，下楼了。她站在窗口眺望楼下的出口，好半天才看到他出现，原来他手上还提着个垃圾袋，满满一袋垃圾。虽然他的脚步有点摇晃，但他走得相当有力。张爱玲一路替他担心着，怕他一个趔趄摔倒在地。但是他很快就走到小区门口，走到马路上去。张爱玲缩回来，窃笑着，然后忙着擦抹窗台上的灰尘。有时候她停下手里的活计，来到窗台旁眺望着他，怕他瘫倒在马路上。还好，一个小时之后，当她擦完两个很大的窗台时，他提着几样东西回来了。他走得相当有力，也许是故意做给她看，张爱玲会心地笑了起来。突然她意外地发现，他手里多了一束花，似乎是玫瑰花。这个调皮的老男孩，这个长不大的老男孩，这不过节又不过生日，买什么花，而且还是玫瑰。省几个钱不如买面条和面包。对张爱玲和他来说，食物更显得重要。她这样想着，心里还是很快乐，因为买花几乎是他的习惯，而且他总是给她买玫瑰。对他来说，买花就如同买菜一样平常，这倒是他的一个良好习惯。

张爱玲丢下抹布进入厨房，拿起一只玻璃杯倒满了水，在他进门的那一刹那，她就把水杯递到他面前。他孩子气地笑起来："真是一个调皮的坏女孩,一直在偷看我。"他喘着气,那样子更像一个男孩。他把花插进玻璃杯中,然后大声道:"我说过不要紧的,我们的好日子又回来啦。"

好日子终于来了,张爱玲获得MacDowell Colony的写作奖金,炎樱在报上看到消息,第二天就赶来看望他们。赖雅把时间让给她们,他一个人不知什么时候出去了。他一走,炎樱就凑近张爱玲笑起来:"一个东方女人,绝对和一个西方老浪子过不到一起,你们在一起,就两个字:盲婚,绝对的盲婚。"她得意洋洋地说着,张爱玲一看就来气:"盲婚也好,哑嫁也好,那是别人的说辞。只要我和他过得幸福就好,就如同适之先生和他的胡太太,你说他是盲婚,我说她是哑嫁,但是他们一辈子白头到老,就是幸福。你不是盲婚,你也不是哑嫁,你看看,你一个又一个,从日本到美国,你幸福吗?"炎樱不屑地耸耸肩:"哼,我才幸福呢。上海不是有一首歌谣吗?'盲婚害人事冇(没)假,强迫包办系爹妈,硬将女儿作牛马,信实媒人嘅(的)大话'。"看她那滑稽的样子,张爱玲忍不住笑起来。炎樱道:"我是无法想象,一个反封建的斗士,最后怎么会向一双三寸金莲妥协?我同样也不明白,一个贵族……"家里的电话就在这时骤然响起,警察通知张爱玲,赖雅倒在公园里,看样子好像是中风了,张爱玲一下子魂飞魄散,立马跌跌撞撞赶了去。

赖雅头磕破了,有点晕,却没有住院,而且这一次他死活不肯住院,他也是知道家中没钱。另一个原因是这一次和上一次一样,只是微微中风,行走略微迟缓而已,其他方面并无大碍,张爱玲也就依了他。

回家后他一直躺在床上,张爱玲收拾好了家务也坐在床边。阴暗的家中寒冷入骨。这幢房子不高,正好处在一幢高楼的阴影之下,所以长年不见阳光,价格便宜的原因也就在这里。入住一段时间后张爱玲发现,几乎所有的户主全搬离了此地,只是将它出租给收入低微的穷人,这从居民言谈举止中一眼就可以看出来。很不幸,社会分层是件很残酷的事情，不管你是艺术家还是流浪汉，只要你掏不出钱，你马上就住到贫民区去，和穷人住到一起。因为，你已经沦为穷人。张爱玲不太在乎所处的生活环境，她已经习惯了这样拮据的生活，来美国之前已经做好了充分的思想准备。但是她无法料到她会遇上赖雅，而且他的身体会是这样。

极度沮丧的当然还是赖雅，他躺在床上唉声叹气，有时候会愤怒地用拳头狠狠砸着自己的脑袋，发出绝望的吼声。张爱玲在洗手间听到就会泪流满面，她很想冲进去抱着他："没关系，我不会离开你，你也不要离开我。"但是张爱玲不会说，也不可能说，这样对他的伤害可能更大，她只能装作没有听到。

几天后赖雅就可以下地活动了，先是扶着墙壁走到楼道口朝外张望，很快就可以下楼。张爱玲对此一点也不乐观，因为自从他们结婚后短短的几个月，他就中风了几次。虽说不太严重，但是前景令人担忧。他也曾告诉过张爱玲，他两年前中风过一次，早上想起床却爬不起来，腰与腿全部僵直，嘴角发麻。看来，中风是他的痼疾，而且有越来越频繁的迹象。张爱玲的心始终揪得很紧，那时候菲丝在纽约，有一天她突然给张爱玲打了电话："张小姐，我们要搬到华盛顿去，我想在临走之前来圣彼得堡旅行，请你和赖雅先生吃个饭。"迟疑了一下，张爱玲说："很抱歉，可能来不了。"她问："为什么？"张爱玲道："赖雅先生发生了中风，这已是我和他在一起的第二次。"她愣了一下，然后说："好的，我知道了。"

就如此简单地结束了通话，让张爱玲很不舒服。不管怎么说赖雅是她的父亲，这么长时间她从来不曾看望过他一次，对他的中风如此麻木不仁，这让张爱玲实在无法接受。在潜意识里，她可是一直在想象中和她处理好母女关系，但是她如此冷漠，让张爱玲深感失望。她不想做一个狠心的继母，但是最终不得不这样做，她也深感无奈。

大概隔了一个月的时间，菲丝终于来看望赖雅，她脸上隐含着对张爱玲的敌意。张爱玲只是冲她礼貌地点点头，然后走出家门，一直走到阳光下。她先站了一会儿，满脑子是菲丝年轻的形象。她应该跟张爱玲年龄相仿，但她今天显得年轻，相当年轻，这一点让张爱玲感到惊讶。她在脑子里搜索了半天，才显示出她在张爱玲婚礼上出现的形象，那是一个有点疲惫的女人。张爱玲可能没有看清她，没想到她是如此年轻。张爱玲在铺满阳光的台阶上坐下来，冥想着前尘往事。时间不知不觉过去，一双穿咖啡色高帮皮靴的脚站在她面前。顺着腿往上一看，是菲丝，菲丝眼光复杂地看着她："你好，张小姐。"张爱玲也向她挤出一点微笑："你好，菲丝——能坐会儿吗？"菲丝说："不了，我马上就要离开，我要去华盛顿，祝你们快乐。"她说着转身就走，张爱玲一时不能接受她的态度，她才发现冷漠对人的伤害。但是张爱玲并不制止她，只是本能地站起来。菲丝突然转过身来："今后如果他出现了问题，希望你不必告诉我，因为告诉我没有用，在我的记忆里，我从来没有父亲这个概念，我活到今天大概只见过他有限的几次。"她的目光最后变成憎恨，张爱玲发现这其实是个和她一样的孩子，从小被父亲所伤，这一点几乎和她一模一样。她没有办法安慰菲丝，就如同没有办法安慰她自己。她对父亲都如此，更何况她是菲丝的继母？她曾经说过这样的话：婆婆与媳妇是一对天敌，其实继母和继子又何尝不是？

在文艺营创作的《粉泪》被出版公司退了回来，只有寥寥的一行字：暂不考虑出版。张爱玲像当头挨了一闷棍，被打得面无人色。她从来不曾有过这样的挫败感，甚至想永远放弃写作。对于这部小说，她耗尽了心血，考虑到美国人的阅读习惯，也照顾到普通读者的口味，她以为自己能做到的都做到了。她信心满满，期待它的顺利出版能改变自己的困境，让她在美国打开新局面，咸鱼翻身。但是一连三家都被退稿，这让她束手无策。

赖雅看出了张爱玲的绝望，仍旧笑眯眯的。他不劝慰张爱玲，却认真地做着晚饭，然后还准备了热咖啡。他弯着腰，走路有点佝偻。张爱玲忍不住问他："怎么了，你的腰？"他喘着气道："没啥，老毛病，我是一台老机器，运转了几十年，总会有毛病，这里掉一个螺丝，那里坏了一只轴承，正常的，女孩。"他的开朗让张爱玲有了一点安慰。那日真的很冷，单人的毯子他们两人盖，扯过来扯过去都不够。午睡起来张爱玲翻箱倒柜要再找床毯子，否则这个漫长的夜晚无法度过。他端出了核果，还有牛奶和麦片，咖啡也热了，他把食品放在张爱玲面前，仍旧一言不发。张爱玲向他道谢，喝了一大杯热牛奶，感到很幸福。他准备的这些全是张爱玲爱吃的，他已经熟悉张爱玲的口味。看到桌上放着一封张爱玲写给加州哈特福基金会的信，他说："我帮你去寄掉，顺便再买点日用品。"张爱玲看着他："你行吗？"他突然腾空跳起来，大叫一声："嘿，你看我行不行。"看着他活蹦乱跳的样子，刚刚遮盖在心头的阴云一扫而空。张爱玲想，和他在一起，总会有希望，他一直是一个对未来充满希望的人。张爱玲道："过来。"赖雅疑惑地看着她："干啥？"张爱玲道："我给你揉揉背吧。"他很高兴地凑上来，翻起他那件粗针织的毛衣，露出他宽大的厚实的背。张爱玲帮他揉过一次，他很舒服的样子，一直不忘。张爱玲想，今后，每晚帮他揉背可能是我必须要做的一件事情。

　　赖雅出去买东西，张爱玲也没有闲着，将那封出版公司的来信扔了，然后将裂痕斑斑的地板拖了一遍。脑子里仍在漫无边际地想着，这一次要将《粉泪》寄到哪里？它像一只鸟，被她放飞出去，满世界飞了一圈，无人收留，最后仍然飞回她这个老巢里。张爱玲看着桌上那摞厚厚的手稿，被无数人翻阅过，已显得很旧。她有点心痛，先将它们放在抽屉里。

　　赖雅回来时手里多了一封信，张爱玲一眼发现是母亲的来信，只有她才用这种有一道道水手蓝颜色镶边的信封。她将信打开，只看了一眼，心就揪紧起来。赖雅看着她："一定是黄伯母的来信。"张爱玲点点头，然后道："她病了，这次病得很重，希望我去伦敦看她。"赖雅正在刷鞋子，他停下手中的刷子："这可怎么办？女孩？"张爱玲的心脏一阵绞痛，放下信，无力地瘫坐下来。正好身后有个椅子，张爱玲坐在椅子上，手脚冰凉。她也没有换个姿势，就这样坐了很久很久，赖雅舀来热水给她泡脚，最后倒掉洗脚水，扶起她："女孩，现在我们睡觉好不好？明天我们再想办法，好不好？"张爱玲机械地随着他走进卧室，他已经为她铺好了被子，特地将两只枕头叠起来让她睡。他说："来，睡吧，你们中国人常说高枕无忧。"这本是一句相当幽默的话，张爱玲的眼泪却直流下来："这是我和她见最后一面，一定是的，我却去不了，我连去伦敦的机票都买不起。"赖雅再无心幽默，走到张爱玲面前来，脸色极其难看，好像这一切全是他的错。张爱玲伏在他的怀里放声痛哭起来，那一晚她拿着母亲的信根本没有合眼。她这里有不少母亲的照片，有一张她最喜欢，母亲梳着微卷的发式，笑容淡定，眼神深邃而有光，俨然一派女学生风情。她留给张爱玲的印象正是这样：永远是少女般的模样，永远不老似的。现在回忆她的点点滴滴，张爱玲发现她对母亲根本不了解，甚至怀疑自己不是她的女儿。

第二天张爱玲把家里的钱拿出来算了又算，不要说去伦敦，连想给她寄一点钱都做不到。她抿紧嘴唇，将钱包放到抽屉里。赖雅一直在旁边注意着她，他从口袋里掏出一张百元钞票，说："这是菲丝给的，寄给她。"他把钱塞到张爱玲手心里，然后他把张爱玲的整个手也握在手心里。他的手那么大，那么厚，张爱玲才发现，自己的手那么凉，像石头一样。

卖古董变身败金女　刷油漆且做杀蚁客

母亲去世后，所有的遗物包括老照片与古董被警察寄给了张爱玲，收到包裹后张爱玲大病一场。好在时间是最好的健忘药，再大的天灾人祸总会被光阴之水渐渐冲淡。两个月后，张爱玲慢慢康复，赖雅也渐渐好起来。他们开始整理母亲寄来的纸箱子，赖雅像个小男孩一样，对张爱玲和她母亲这样充满东方神秘色彩的女人十分好奇，他把那些古董拿起来，看了又看爱不释手："女孩，这些都是怎么来的？"张爱玲没有兴趣回答他的问题，他有时候就是个孩子，有十万个为什么，你要是回答起来就没完没了。那时候他们的日子仍然难以为继，赖雅只有四十美元的社保金，偶尔还有一点版税。这点钱根本不够两个人的开销，而张爱玲的《粉泪》遭到拒绝后，不知道下一笔收入在哪里。宋淇先生帮张爱玲张罗的电影剧本成为他们主要的生活来源，但是远水不解近渴，母亲的古董就帮了他们大忙。张爱玲先卖了一件，得到620美元，这是一笔很大的收入。两个人很兴奋，赖雅决定到波士顿看望他的表兄弟哈勃许塔脱，顺便把张爱玲介绍给他们，张爱玲知道他是要把她当宝贝一样展现在他的亲友们面前。

哈勃许塔脱的妻子露芭开车过来接他们。张爱玲盘着爱司头，穿着母亲的枣红色披肩，四周都是拖拖拉拉的流苏。她一眼见到张爱玲面露惊喜，然后对赖雅说："摩登的东方女人，令人惊艳。"她以为张爱玲不懂英语，她过分的赞美让张爱玲不太舒服。但是看得出赖雅很得意，似乎他从来不曾在亲友面前如此得意过。露芭是个热情的女人，至少比赖雅的女儿菲丝热情，张爱玲很快和她成了无话不谈的朋友。他们在波士顿市中心的派克旅馆（Parker House）一直谈到深夜，送她走的时候张爱玲顺便和赖雅一起欣赏市容，那里是波士顿最古老的城区，老房子老街道，有一种独特的欧洲情趣和魅力。张爱玲带着赖雅到最古老的餐馆牡蛎饭店和邓琴饭店去吃饭，那里金碧辉煌的吊灯和穿燕尾服、拉小提琴的侍者给张爱玲留下了非常深刻的印象。

赖雅疲乏："我三十年前在好莱坞走红时，曾经和几个朋友来过这里，纯粹是来胡闹、玩。几十年过去，这里一点没变。如今我又坐在这里，应该感谢你，女孩。"张爱玲道："不应该感谢我，应该感谢我母亲。"他突然幽默地说："那么，也应该感谢李鸿章和张佩纶。"张爱玲笑起来，他倒是说到根子上。不管是李家还是张家，张爱玲对这两个家族都没有好感。但是无论是她母亲,还是她自己,都切切实实地享受到这两个家族的庇护和福荫。否则,他们肯定会过得更加窘迫,这是毫无疑问的。甚至有可能,她就是上海街头那些卖草炉饼的穷人之一。

侍者停止了拉琴,菜上来了,都是美国殖民时期的菜,每一盘都堆得满满腾腾。可想而知,那时候美国还是穷人多,吃饭只讲数量不求质量,像乡下人。起码对张爱玲来说,那些菜都不对胃口。赖雅也吃得不多,只有一道草莓蛋糕令人喜爱。这也不奇怪,蛋糕一向是张爱玲的最爱,草莓刚刚上市,很新鲜。在上海或香港,很难吃到这么新鲜可爱的草莓。

吃完了饭两个人去逛了唐人街,在眼镜店里又各自配了一副眼镜。在卡泼莱广场,张爱玲买了四磅咖啡,满满一大包,还采购了一些别的物品,然后将它们托运到圣彼得堡。张爱玲和赖雅两手空空,十分自在。在他的提议下,他们去拜访了哈勃许塔脱的家,享用了露芭亲手做的午餐。顺便拐进了康桥的哈佛图书馆看书,借阅了一些参考资料。最后又回到邓琴饭店,享用了最后的午餐。张爱玲是不太感兴趣,但是如此著名的饭店,今后肯定难以再来。她愿意陪着赖雅再来一次,只为这种殖民的情调,只为了让他高兴。

回圣彼得堡的路上张爱玲和赖雅起了争执,她只要一提离开圣彼得堡,赖雅肯定会不开心。他道:"我漂泊游荡了四十年,圣彼得堡像一个避难所庇护着我,可爱的圣彼得堡,乡村一样安静,我离不开它。"他这样的话说过很多遍,张爱玲一听就很反感。他在这方面很自私,根本不考虑到张爱玲。张爱玲反驳他:"我从小在城市长大,喜欢城市的热闹,对这种和乡下差不了多少的小镇生活是难以忍受的。我忍受了好几年,再不离开,可能要死在这里。"赖雅不说话,张爱玲又补充了一句:"在这个小镇,你说有什么机会?一点机会也没有,我为什么要来美国?"赖雅不说话,偷偷瞄了张爱玲一眼,眼神里充满委屈和懊恼。

波士顿豪华旅行把卖古董的钱差不多花光,到家清理了行李箱之后，张爱玲算了算，还剩下80美元，足够他们节衣缩食地过上半个月。现在她不怕，因为母亲寄来的古董还有好几件没出手，刚刚小说《秧歌》又和哥伦比亚广播公司签订了合约，要被他们改编成电视剧，又将是一笔不小的收入，这多少让张爱玲安心下来。这一夜因为旅途劳累，她睡得很香。

第二日早晨醒来天已大亮，赖雅做好了早餐在等张爱玲。张爱玲来到厨房，他拖着腿脚在厨房里煎香肠，打蛋的时候手颤抖不停，却围上围裙，装出一副厨师的架势。张爱玲知道他在努力，努力着不要成为她生活上的负担。一想到他手在颤抖却在努力打蛋的样子张爱玲就难过。他们匆匆吃了早餐，赖雅道："今天是礼拜三，前面有跳蚤市场，我们去买点旧东西，家里缺的东西实在太多。"张爱玲知道他的心思，他就是要用这样的行动来抵制张爱玲搬家，她也不想惹他生气。再说，家里实在需要添置一些东西，跳蚤市场的东西特别便宜，半卖半送，他们没有理由不去。

他们到的时候，沿路而成的跳蚤市场已经有了不少人，都是附近的居民。他们有的搬家，有的因为要添置新家具，就把一些用不上的或无用的东西统统拿出来卖掉。张爱玲看到一只面包烘炉，还是半新的，清洗得很干净，她想买下。摊主给她亮出三个手指："三美元。"张爱玲几乎惊叫起来，才三美元，等于白送，她毫不客气地买下。赖雅笑眯眯地看着张爱玲，她那种急于买下的神态与小女孩没什么两样。他们又买了三夹板的桌子，一只木头制作的小床，好像买回去也没有太大的用处，但是那价格实在便宜，由不得你犹豫。一圈转下来，他们买了一大堆东西，总共才不到十美元。东西拿在手里不方便，就堆放在一边，让赖雅看守，张爱玲又要离开。赖雅道："女孩，你要把这些统统买回家吗？"张爱玲嫣然一笑，然后隐没在跳蚤市场的人流里。这时候人更多了，很多人挤来挤去。在一个主妇铺着的毯子上，张爱玲看到一件浴袍，淡淡的天青色，她想它从前一定是水手蓝那样的颜色，洗过很多次，洗淡了，但却完好无损，而且一点也不显旧。才一元七角五分，张爱玲怕人抢了似的立马买下。转了一圈又回到她的摊位，花了两元钱又买下四件漂亮的绒线衫。张爱玲像捡到了宝贝，抱着它们很开心地回到赖雅身边。

他们费了很大的力气才将那些东西弄回来，一进家门，张爱玲马上快步进了浴室，将四件绒线衫和一件浴袍一一穿上，真是意想不到的惊喜，每一件都合身，每一件都让她喜欢。衣裳总是会给她带来快乐，这份快乐是别人无法理解的。才几美元的衣裳，穿在身上如此美好，张爱玲真是得意极了。赖雅在外面敲门："快出来，女孩，让我看看，让我看看。"张爱玲前后照着镜子，认为实在完美，就拉开门出来。赖雅退几步看看："嗯，真好，实在太妙了。"他这样夸赞张爱玲，张爱玲重新回到浴室，脱下了衣服，将它们清洗了一遍，在心里暗暗想，以后若买东西，跳蚤市场是个不错的选择，不一定就比市中心那些名贵的东西差。

赖雅铁了心要留在这个小镇，他趁张爱玲不注意，买来油漆，要把破旧的墙壁全部油漆一遍。看着他挪动着庞大的身躯，气喘吁吁的样子，张爱玲于心不忍。只要看到他受苦受累她就于心不忍，她命中注定要做他的妻子。她也换上做饭的围裙，从他手里接过刷子，将蓝色的油漆涂在墙壁上。她颤巍巍地站在椅子上，为了防止油漆滴到地板上，赖雅又在地上铺了一层报纸。他站在地上指挥着张爱玲："女孩，一遍，只涂一遍，别在一个地方反复涂抹，那样会让油漆变厚，将来要起壳。"赖雅说得很有道理，看来他很有生活经验。张爱玲不再反复涂抹同一个地方，而是用酒精将油漆调稀，薄薄地均匀地涂满一面墙壁。

两个房间涂完，张爱玲腰酸背疼。可能是油漆刺激的缘故，许多蚂蚁不知道从哪里爬出来，密密麻麻布满了地板，有的甚至爬到灶台上。赖雅跺着脚，却无计可施，他生怕蚂蚁爬到裤筒里。对付蚂蚁张爱玲很有办法，她早就准备了杀虫剂，就放在卫生间里。取出来打开喷嘴喷向那些小东西，蚂蚁们慌张而逃，大部分闻到气味就纷纷逃窜。赖雅惊奇地看着这一切，最后点点头："嗯，好一个杀蚁刺客。"

哈特福基金会终于给他们来信了，同意两人一起入住。这家基金会和麦克道威尔文艺营很相似，其实它也就是一家文艺营，地处加州太平洋绝壁之上，从窗口就可以眺望一望无际的太平洋，这一点令张爱玲兴奋。一想到将要入住可以眺望太平洋的房间，而且和赖雅住在一起，张爱玲就快乐得像个女孩。赖雅叫她女孩是不错的，他目前的生活也是令人满意，没什么不好。没事时张爱玲翻看母亲那些宝贝，心里痒痒的，决定再卖掉一件，这样她和这个老男孩又可以过上一段奢侈的日子了。赖雅自然也同意她的决定，他是个花天酒地的高手，资深的花花公子。只是现在老了，在张爱玲面前他收敛了许多，但是一有机会还是会"本性大暴露"。人的本性是很难改的，张爱玲甚至认为不可能改。像她这样一个离群索居的女人，能和他人亲亲热热打成一片吗？不可能。

他们再次来到波士顿，这次张爱玲带了两把宫中折扇，画着两枝古旧的梅花，秃头秃脑的，字也是粗大笨重的样子，"金农"两个字写在显眼处，扬州八怪之一。张爱玲估计这应该是老张家这边的旧物，他们早就联系好了一个叫德·爱厄曼的经销商。他专做中国古董生意，住在一幢很老旧的楼里，外表毫不起眼，看上去像是穷人住的。赖雅走上前去，有点垂头丧气："做古董的家伙应该很有钱，他就住在这里？"他看上去没有信心，张爱玲鼓励他："也许他像中国老太太那样喜欢哭穷呢？这也说不定，我见过许多中国老太太，她们都爱哭穷，绝无例外。"赖雅摇摇头，他不太理解张爱玲的话。张爱玲也理解他，他没有她的经历，特别是中国的那些经历，所以他不理解自己也很正常，这就是文化的差异所在。

他们小心翼翼地进入了德·爱厄曼冷静的办公室，他看到他们到来，懒洋洋的，一点也没有电话中的热情。张爱玲把折扇拿出来，他轻轻打开，一股霉味散开来，坐在一米开外的张爱玲也闻到了。他把纸折扇两面都看了看，两撇小胡子一下子奓开来，看得出，他比较满意。他点点头："嗯，东西还有点意思，可惜太少了点。"张爱玲忙说："家里还有一些，但是您得出个好价。否则，我是不会轻易出手的。"德·爱厄曼道："波士顿人都知道，我的价从来都是最公道的，否则，我也不可能一做就是一辈子，是不是？夫人？"他有点狡猾地看着张爱玲。张爱玲指指折扇："那么这一件，您看值多少？我先拿一样来试试，就看您了。"他将折扇重新拿起来："这个到顶了，我出您四百美元。"这个价位确实有点偏低，但是也不是太低，张爱玲还是可以接受。她松了一口气，嘴上却和他争起来："太低了先生，这可是金农的，中国最著名的扬州八怪之一。"德·爱厄曼道："我知道了，我专收中国古董，怎么可能不知道扬州八怪？我这里有他的宝贝，他的东西很多，一点也不稀罕。"他在他身后的壁橱里翻腾了一番，果然又拿出两幅金农的人物画，一张画的是金蝉脱壳，一张画的是僧人悟道。张爱玲看了看，道："画幅都小，一点不怪，哪里有我这幅梅花好看？我这幅尺寸又大，再加五十吧，图个常来常往。"他卷着他的画说："好，就依了您，夫人，看在您美丽的分上。"

张爱玲和赖雅拿着钱高兴地离开，这天晚上又通过露芭把一幅明黄色的宫中丝织品卖给了一位女士。这一天正好是赖雅六十七岁生日，他们回来后又到基恩去购物。基恩离圣彼得堡不算远，有公交车抵达。赖雅走不动，张爱玲让他在公园等她，她一人逛遍了基恩的几大百货商场。那时候当地的华人极少，基恩的人像看把戏似的看着张爱玲，但她完全不在意。她喜爱商场，即便不购买也喜欢看，这一点和小市民妇人完全一样。因为只顾着看商品，张爱玲差点误了最后一班巴士。到了灰狗巴士站，离开车时间只有一分钟了，赖雅急得跳脚，站在车站边向张爱玲招手。张爱玲快步跑过来，跑上巴士，巴士就驶动了，他们在车上前仰后合，两个人都忍不住笑起来。

黄昏时分快到家，路上全是落叶。这里秋天的落叶真美，浅棕色、赤褐色、金黄色、橙红色的落叶遍布街道。在晚霞余晖映照下，天空上的云朵五彩缤纷，圣彼得堡看上去像童话中的世界。赖雅道："你看看，这里的世界有多美好。"张爱玲道："这只是短暂的，它很快就要消失。"等他们走到家门口，天完全黑下来，所有的瑰丽景色果然全部消失。他们小睡了一会儿，然后吃了肉饼、青豆和米饭。张爱玲在卫生间里打扮了一下，两人接着一道去看了一场电影，片名张爱玲永远记得：《刻不容缓》。

结识女友喜事多多　入籍之后好事连连

文艺营的日子再好，终究不是长久之地，哈特福的日子匆匆而过，没有留下任何记忆，他们搬到了旧金山。

这是张爱玲的主意，旧金山是个相当不错的城市，繁华热闹，这一点切合她的心意。他们选定了布什街645号，月租70美元，另加水电费。公寓一直对外出租，脏得不行，却陈旧而舒适。张爱玲喜欢这样的地方，但是不能忍受肮脏，她花了差不多两天时间把小小的公寓打扫得干干净净。现在她变得十分能干，算得上一个勤快的家庭主妇。这时候他们手头因为出售古董，稍稍阔绰了一些。张爱玲还在为宋淇写剧本，麦卡锡先生也联系上她，让她重新为新闻处做翻译。张爱玲又接受他的委托，把美国小说《荻村传》改编成电影剧本。赖雅身体也不错，在鲍斯脱街找到一间小小的办公室，每天都去那里坐一坐，然后埋头写他的小说《克利丝汀》。他们各忙各的，生活很快进入正轨。张爱玲不再去跳蚤市场买便宜货，而是在城中大商场购物。只要有空，她与赖雅就去购物。从家里出发，穿过一个地下隧道就是繁华的街区，步行只需要十分钟，这一点让张爱玲相当满意。他们有时候去图书馆借书，有时候去看电影，顺便将晚饭菜买回来，在熟食店里买熟食、点心、酱油还有豆腐。完全是中国的食物和中国式的生活方式，赖雅也习惯了这一切。

在这里张爱玲认识了爱丽斯·琵瑟尔。张爱玲在图书馆里认识了她，邻近一位读者将书中的某一页折起来，她看到了，马上指责他："这是公共图书馆的书，不可以这样损伤。"那位读者脸红了，马上纠正了自己的行为。她们攀谈起来，原来她是研究艺术的，张爱玲也喜欢绘画，曾经想做一名画家。她们很快成为无话不谈的朋友，每天下午五点相约在华盛顿公园。这个公园很小，草坪上零零散散地生长着几棵硕大无比的树，教堂的阴影斜斜地投影在草地上，黄昏的公园充满回忆，张爱玲对她谈起上海往事，一切恍若隔世。

爱丽斯是个很美丽的女人，尤其是那双眼睛，深邃、碧蓝，专注地看着张爱玲。这让她忍不住把心里的话全对她说出来，不然的话就对不起她那双眼睛。她们相处了很长时间，她才对张爱玲说："我发现，你应该是个作家？"在这之前，张爱玲从来不曾告诉过她，她的书在美国销售不佳，张爱玲想她不会那么巧就看到自己的小说。她这样问张爱玲，张爱玲点点头："我在中国写过小说，不多的几篇。"她们说这话时，坐在唐人街都板街一家张爱玲最喜爱的点心店里。张爱玲和她在一起时就像和炎樱在一起一样，各人点各自喜爱的点心，她喜爱蛋挞，张爱玲喜欢椰蓉。她们仍然会劝对方："不再要点什么吗？"张爱玲说这句话时就想到了炎樱，然后忍不住大笑。她以为张爱玲开心，也跟着她大笑起来。然后对张爱玲说："我们下礼拜到水晶宫去玩一次，好不好？"张爱玲不知道水晶宫是什么地方，却马上答应了她，她确实想撇开小尾巴赖雅单独出去开心一次。张爱玲故作神秘地化好妆，然后和赖雅道再见。赖雅见状哇哇乱叫，他不明白怎么回事。张爱玲匆匆逃出门，在外面笑弯了腰，然后到约定的地点去见爱丽斯。这次张爱玲带了一份中国菜谱给她，因为她说过她吃过中国菜，她很喜欢。这个菜谱是张爱玲手抄的，一共抄了十八道菜：荷叶粉蒸肉、神仙鸭子、胭脂鹅脯、鸭舌萝卜汤、烟熏鲳鱼……张爱玲估计爱丽斯一道菜也做不成，她自己也做不了，否则，张爱玲会请爱丽斯来家里吃一顿。很可惜，这些中国食材在旧金山根本配不齐。但是爱丽斯仍然很高兴，将菜谱看了又看，仿佛吃上了那些菜。

那日张爱玲和爱丽斯在水晶宫玩得很开心，原来水晶宫是一家娱乐场所，而且那里付费极其便宜。因为便宜，基本上所有的人都可以去玩，你可以在里面免费吃东西，唱歌跳舞，也可以看别人跳。有一种叫"吉特巴（Jitterbug）"的舞蹈把张爱玲看呆了，惊险、刺激又优美绝伦，她从来没有看过那么好看的舞蹈。以前看过的朝鲜的崔承喜跳的舞，据说无人能敌，与水晶宫的吉特巴舞相比也不算什么。后来张爱玲要配一副眼镜，耽误了一点时间。回到家，天完全黑了，赖雅却焦急地守在家中，把一个更大的消息报告给她：他收到了张爱玲的入籍通知书，她成了一位美国人。

那一段时间喜事接连不断，正好恰逢张爱玲和赖雅第三个结婚纪念日，他们忙得"兴兴轰轰"。还特地到唐人街去品尝奶酪和咖啡，算是小小地庆贺一下。出来时，赖雅帮张爱玲围上围巾："女孩，我看了报纸，正好有你喜欢的李丽美主演的《桃色凶案》，男主角是詹姆斯·史都华。"张爱玲知道李丽美的这部新片，但是没想到这么快就上映了，他们快步走向电影院。途中道路拥堵，正逢美国大选，许多人在街头扭中国式的大秧歌，帮着肯尼迪拉票。从前张爱玲对大选一向都是冷眼相待，认为与自己无关，现在因为是美国公民，所以也不能熟视无睹，最起码她要投出自己的一票。张爱玲站在人群外围，赖雅在一旁怂恿张爱玲："要投就投肯尼迪，这对你有好处。我就决定投肯尼迪一票，你听听他的演讲，他要保护的是底层人民，也包括你们这些来自远东地区的亚洲人。"张爱玲认为赖雅说得在理，就把第一张选票投给了肯尼迪。

前后耽搁了一个小时，他们到电影院时，电影已经放映过半，只得看完后半部接着再看下一轮。那是张爱玲很开心的一天，回到家又接到炎樱来信，说她要开始重访日本的计划，这次陪伴在她身边的男人就是刚刚结婚的George，她说好了，经过旧金山时会来看望他们，就在最近几天。

张爱玲一直等了许多天,炎樱就是没有出现。相反,不请自来的菲丝却意外出现了。张爱玲和她几年不见,她苍老了不少。张爱玲不知道像她这样善于保养的女人怎么会苍老得这么快。她说:"我有两个男孩,你没有生过孩子,你想象不出女人在调皮的孩子面前的无奈。"她取出一张照片给他们看,是她上小学的儿子捷乐米的照片,那真是一个漂亮的美国帅小子,一头稻草黄色的头发,一张充满阳光的脸。赖雅手颤抖地接过去,一看就哈哈大笑起来:"像我,像我,像我像极了。"他将照片拿在手里,然后起身翻他那些"百宝箱",翻来倒去找了半天,才找出他那些照片。其中一张发黄的照片,赤脚站在海边沙滩上,不驯服的头发让海风吹得卷起来,看上去和捷乐米很像。他将两张照片并排放在一起,这次连菲丝看着也惊叫起来:"天哪,捷乐米太像您了,捷乐米,赖雅。"赖雅笑得十分开心,看得出,他实在喜欢这个小外孙。张爱玲受到他情绪的感染,忍不住凑上前看了几眼。这才发现,他将她母亲的照片也弄出来了,洒了一桌。张爱玲忙着上前收拾,菲丝却拿起几张:"我看看,给我看看。"张爱玲只好任她看,她看出了兴趣,一张接一张地把这些照片全部看完,然后惆怅地坐了好一会儿。张爱玲知道她被照片上悲伤的气息所感染。照片这东西,不过是生命的碎壳,纷纷的岁月已过去,瓜子仁一粒粒咽下去,滋味各人自己知道。留给大家看的,唯有那狼藉的黑白的瓜子壳。

张爱玲和菲丝相处得不错,她大概看出张爱玲的艰难。她在旧金山一共待了十天,张爱玲陪她在对面旅馆订下房间,也陪同她游玩了旧金山的几个景点。赖雅一直陪伴着,他对女儿流露出浓浓父爱。他从来不曾管过她,直到晚年,才对女儿对小外孙捷乐米产生属于父亲的、祖父的爱。张爱玲只能说,他老了,他到老了才知道亲情——天下的浪子莫不如此。

十天后,张爱玲单独送菲丝到车站,菲丝流露出依依不舍的神情。她们坐在候车大厅,她拍拍肚子告诉张爱玲:"我又有了,这个是老三。"张爱玲大吃一惊:"原来你又怀孕了,你到底要生多少?"她的脸分外憔悴,可能是这几天在旧金山累的。她朝张爱玲亮出三根手指:"要生三个,迈尔文喜欢小孩子,我也喜欢。他是海事专家,他认定起码有两个儿子将来会从事他的事业,另一个随他便。"她脸上放射出母爱的光辉。张爱玲摇摇头,简直难以置信。回到家,赖雅睡着了,他的眼睛却是睁着的,手自然垂放在胸前,捷乐米的照片和他的照片也松松地拿在手中。张爱玲从他手里将照片慢慢取出来,认真看了一眼。确实是一个很漂亮的男孩,也确实很像赖雅。

病中吟告别旧金山　苦作乐搬进华盛顿

为了收集张学良的材料,张爱玲在台湾与香港转了一圈,还跟随王祯和去了花莲。途中赖雅再度中风,这次菲丝出手相助。这时候回美国也没有办法,不如留在香港写剧本。半年后,《南北喜相逢》开机的那日,她回到了美国。

她早早写信告诉赖雅3月18日转机抵达华盛顿。赖雅心急,提前一天就到机场接她,结果扑了个空。第二天又和菲丝一起来到机场,看到张爱玲从机上下来,他笑得十分开心,手里还拿着一束鲜花。他上前拥抱她,拥抱了很久,好像世界只剩下他们俩。然后告诉她:"其实我昨天就来接过了。"张爱玲很奇怪:"我不是告诉了你,3月18日到吗?"赖雅像个犯了错误的孩子:"我怀着侥幸心理,也许你会提前一天。"张爱玲道:"这是不可能的。"他突然想起女儿菲丝也来了,才回头寻找菲丝。菲丝过了半天才从洗手间出来,张爱玲对她说:"谢谢你照顾赖雅。"她的表情有点僵硬:"他是我父亲。"张爱玲被她的话噎了一下,她们在一起说话从来就有些不顺畅。赖雅看她的表情不对,马上上来打圆场:"走吧走吧,去看我们的新家。"

赖雅在华盛顿租了新公寓,就在离菲丝家不远的地方。他领着张爱玲去看,不大,但是处处都很干净。一些装修细节也很别致,让张爱玲很喜欢。赖雅有点心虚:"我没有买什么东西,只有一张床,我们需要一张床。"菲丝说:"这是一张好床。"赖雅说:"看,我还给你买了一张松木的书桌,后来又看到这个松木的书架,都不贵,而且很耐用,你可以在这里完成你的《少帅》。"他似乎做了准备,张爱玲一坐下,他就端上咖啡和麦片粥,张爱玲喝了热热的一大碗,舒服极了。

这天风很大,但是因为开心,张爱玲一点也不觉得旅途劳累,出门和赖雅一同逛了国会大厦和国会图书馆,还有一个大公园。张爱玲喜欢大都市,华盛顿让她很喜欢。他们下午回到家炒了个蛋先吃着,赖雅又亲自下厨做了汉堡包和色拉当正餐,味道很好。为了招待张爱玲,他可能在家暗地里花了一番心思。他们吃着,张爱玲把自己和邝文美一家的合影拿给他看:"看,这个是邝文美,这个是宋淇,这个就是他们的儿子宋以朗,这是小姐姐,他们的女儿——"赖雅说:"你的信写得千愁万恨,我以为你潦倒得不成人样。现在看来,还是生机勃勃的样子。"张爱玲抚摸了一下脸:"是吗?可能是我的文笔太会描写了。其实,怎么说,一切都过来了。虽然没有采访到张学良,但是我准备抓紧《少帅》的写作,在图书馆查了很多资料,我会写好这部小说,一切就指望它了。"赖雅点点头,看看表说:"哦,对了,菲丝请我们去她家吃饭。现在住在一起了,这样的机会今后会有很多。"张爱玲迟疑了一下:"我不去,行吗?"赖雅有点不高兴:"不去?这怎么可以?不可以,我们一同去,菲丝是个很好的女儿,你没看出来吗?"张爱玲不忍扫了他的兴,决定去一次,唯一的一次,最后的一次。她绝对不是说菲丝不好,几年来她比过去改变了不少。但是她再好,张爱玲也不想去麻烦她,更主要的是,她没有能力在家回请他们一家:体力、精力、财力都不允许。

这一次张爱玲去参加了,她穿上一件孔雀蓝镶金线上衣,将腰部紧紧扎系,张爱玲喜欢这种女学生似的装束,让她看起来不老,显得年轻。还将从香港带回来的小礼品送给捷乐米和他的两个小弟。捷乐米看到赖雅很开心，祖孙俩交谈得十分投机。张爱玲因为担心误了《魂归离恨天》的写作，吃完饭就想回家。但是赖雅似乎贪恋与女儿一家在一起的时光，根本听不见她的话。张爱玲只好捧着一杯咖啡，装作饶有兴趣的样子，听着他们热烈的谈话，一直到赖雅觉得实在要回家了。

回到家已经快半夜，她烧了点热水泡了脚，就缩进被窝睡觉。身上盖着一条新买的毯子，十分暖和。赖雅正在记账，自张爱玲去了台湾之后，他就开始记账，他想弄明白他们一个月至少要花多少钱。他把这些天的账目记好，然后将小账本拿给她看，字迹密密麻麻的，张爱玲看得头昏：

1. 意大利馅饼18，花生20，日用品2.1
2. 意大利馅饼79
3. 意大利馅饼18，糖果0.28，墨水0.1，电影0.4，日用品1.8
4. 日用品1.98，洗衣0.35，房租83.22
5. 葡萄酒1.49，日用品0.31
6. 药4.23，剪头发1.75，意大利馅饼0.57，日用品0.98
7. 书1.7，寄信0.15，车费0.15，相机15，派0.79，药2.6
8. 杂志0.35，糖果0.26，意大利馅饼0.18，日用品1.52
9. 意大利馅饼0.57，日用品1.81，墨水0.1
10. 日用品1.08，寄信0.3
11. 线0.18，日用品0.3，药品0.51
12. 书0.25，意大利馅饼0.47，日用品1.06
13. 意大利馅饼0.24，花生米0.1，日用品1.06
14. 车费0.15，葡萄酒0.78，邮票0.26，日用品2.33
15. 日用品1.01，意大利馅饼0.39
16. 日用品1.03，意大利馅饼0.24

张爱玲往后面翻了翻，全是意大利馅饼。看来，他们有一大半的钱全用来买意大利馅饼了。

在华盛顿，他们又开始和在圣彼得堡、旧金山一样的庸常岁月。

天很冷，张爱玲和赖雅都穿得臃肿，一天到晚就是忙着吃的，还累得筋疲力尽，也不知道哪里来那么多的家务活。有一日正在烤面包，张爱玲守在炉前，隔着毛玻璃看着那猩红的烤箱，闻着面包越来越浓的焦香，心里喜滋滋的。可是，突然家里一片漆黑，不知道出了什么事，赖雅一看，就知道是保险丝断了。男人在这方面有天生的敏感，但是他不会修。他们才搬到这里来，家里也没有别的保险丝，只有打电话给房东。一会儿，来了个脏兮兮的男人，在地下室里换好保险丝。然后他用老虎钳敲着他们的铁门："换好了，可以了。"其实他们已经知道电来了，家里烤箱工作起来。还有某一日，从超市回来，赖雅正将食品往冰箱里放，那扇沉重的小门突然掉落，掉在地上发出惊天动地的声响，并且砸中了赖雅的脚指头，赖雅狠狠地诅咒："该死的冰箱。"然后再度打电话叫房东，因为家具是原配的。

他们仍如同在圣彼得堡一样爱逛跳蚤市场，美国就是这样，哪里都有跳蚤市场，那些便宜的好东西让张爱玲控制不住地喜欢。对她和赖雅来说，他们也只能在跳蚤市场买东西。初到华盛顿，赖雅在跳蚤市场就买到一把麻绳编成的椅子，才十块钱，便宜算是便宜

赖雅与张爱玲在华盛顿。

到家，但是得自己扛回家。赖雅不让张爱玲插手，他一会儿扛在肩上，一会儿夹在腋下，一会儿又抱在胸前，怎么弄都不舒服，最后总算扛回了家。一进楼道，赖雅就开心得不行，大笑着跑在前面。他喜欢用锤子敲敲打打，喜欢在那种节奏和声音里感受家庭的乐趣。他对张爱玲说："你不觉得我像个补锅的男人？"天知道他从哪里知道"补锅的"，这好像是只有中国才独有的一种手艺人，也许是从张爱玲的小说里看来的。但是张爱玲似乎也没有写到补锅，她努力搜索记忆，就是找不到一点蛛丝马迹。

很多时候张爱玲不喜欢和赖雅一同外出，她更喜欢独来独往。她常常在下午时分单独出去，趁他午睡时偷偷出门。可是一出门就不知道往哪里去，也许去图书馆是个不错的选择。但是现在天气很冷，图书馆里暖气开得很足，人又多，门窗紧闭，她坐不了一会儿就脑袋剧痛，疼得厉害时会有呕吐之感。她不想去图书馆，天空灰蒙蒙的。华盛顿的天气让她郁闷，也许不出门在家写东西感觉会更好一点。但是刚刚将《魂归离恨天》交稿，没有接到下一个任务，她实在不想动笔。她决定去逛百货公司，这是她一生的爱好。她的心情闪烁不定，又想吃汉堡和薯条，还有意大利菜肴，全是莫名其妙的念头。一直逛到天黑，到家时她手里提着一大袋东西：肉、马铃薯、青豆、咖啡，还有糖和华文报纸。报纸上报道了台湾发生"6·20"空难，一架飞机在台湾中部坠毁，57人死亡，世界为之震动，张爱玲把这则消息指给赖雅看。她没有想到，这起空难也把她的生活再次推入绝境：十多天后张爱玲收到邝文美的来信，告诉她，电懋公司老总陆运涛也在这起空难中去世，包括他新婚的妻子和公司行政人员，15人全部遇难。当时亚洲第十一届影展在台湾举行，台湾两大电影公司电懋和邵氏都应邀参加观光活动，没想到发生意外。邵氏的邵逸夫因为有事没有成行，躲过一劫。这次空难对电懋公司产生致命打击，它从此败落，邵氏影业从此在香港一家独大。张爱玲自然也断了最大的收入来源，因为宋淇先生也已失业。

把邝文美的信放下，赖雅坐在床上发呆，他似乎也感到前景不妙，强颜欢笑地说："女孩，要不要我煮点咖啡？"张爱玲没有任何反应，这时候的她是慢半拍的，人就像大病前那样全身一阵阵酥麻。她决定到床上去，让被窝包围她，给她一个安详的梦境，好把这个不愉快的一天早早度过。到明日起来，又是一个全新的开始。

又搬家三搬当一烧　再拒绝一报还一报

冬日来临的时候，他们从皇家庭院的简朴公寓搬到黑人区的肯德基院，这是政府修造的廉价住所。主要的收入没有了，虽然不时有数目很小的版税和赖雅的社会福利金，但是这不足以支付他们的生活必需。张爱玲为了弥补损失，重新和美国新闻处联系，想得到更多的翻译工作。麦先生已经由台湾调回到了华盛顿，他得到张爱玲的电话，沉吟了片刻："张女士，是这样，还是像从前那样合作。"张爱玲不太明白他的意思，又不好直接问。对张爱玲来说，主动打电话请求援助已是万不得已的行动，想必麦先生是理解的。他知道张爱玲很难堪，最后这样说道："请等候我的消息。"张爱玲没有放下电话，他又说："你和赖雅结婚时，我们很高兴，想到你会拥有稳定的生活。可是没有想到，你找到的是一个穷女婿。"张爱玲不说话，她没有办法。这个不是她能选择的，一切都是命运的安排。

一个星期后，张爱玲接到麦先生的电话，他的声音有点沙哑："张女士，这几天有空到我办公室来一下，我为你联系好了。美国之音的广播节目中，要将几位作家的小说改编成广播剧的形式，这其中有莫泊桑、亨利·詹姆斯，还有几位苏联作家的小说。对你来说，这个不是太困难的事。"张爱玲静静地听着，和他约定了时间，去了他的办公室。

那日出门时风雪弥漫，张爱玲到下午才回来，赖雅在国会图书馆等她，两人说好在图书馆会合。在图书馆附近的马路上，张爱玲突然发现雪地上乱作一团，一辆救护车正闪着红灯等在路边，他们将一个身躯庞大的老男人吃力地抬上车。张爱玲已经走过去了，脑子回想了一下，突然发现那个鲸鱼一样的男人好像是赖雅。她掉过头来上前一看，果然是他。他呻吟着，嘴边还流着血水，痛苦不堪。看到张爱玲，他眼泪汪汪："该死，坏家伙又来了。"救护员问张爱玲："你是他什么人？太太？"张爱玲点点头，他发动了救护车，然后说："快上车，他在雪地里跌倒，爬不起来。有人叫了救护车，可能是股骨损坏了。"

看起来好像并不严重，张爱玲随着救护车去了医院，同时也给菲丝打了电话。这一次差不多在医院住了一个月，赖雅彻底瘫痪在床，医生也无能为力，面对张爱玲摇头叹息。张爱玲感到大难临头，强迫自己不要想到很遥远的事，只是尽心尽力地照顾他。他不能下地，只是躺在床上，张爱玲在他脖子上围一块围兜，给他喂牛奶或米粥。他有时候含一口在嘴里，要费上半天的气力才能吞咽下去。有时候还有一半漫溢出来，滴在围兜上。大小便当然也都弄在身上，张爱玲给他垫上毛巾。毛巾不太吸水，要用上三四条。每当张爱玲替他垫毛巾时，他便会流眼泪，发出轻轻的啜泣。张爱玲只好抱着他的脑袋，轻声安慰他："会好起来的，会好起来的，一切都会好起来的。"他的眼泪流个不停："我们的好运在哪里？我们的好日子还能回来吗？"张爱玲没有回答他，她的心底也在流泪。

赖雅的病情稳定下来后，菲丝开车送他们回家。一个月内他又多次中风，每次张爱玲都给菲丝打电话，让她开车送他去医院。菲丝会过来，但是态度不好。安顿下来后她不会耽误时间，总是马上就走。张爱玲对她说："你就不能照顾他一会儿？"她的脸色很难看："孩子，孩子，我家里有好几个孩子，他们离不开我。"张爱玲无话可说，只能眼睁睁看着她离去。

张爱玲把大床让给赖雅，又买了一张低矮的行军床，可以折叠起来。行军床就放在大床前面，晚上只要他有一点动静她就会知道。她起来给他喂水，或者递上尿壶帮助他小便。他总是在暗夜里啜泣，张爱玲

美国洛杉矶罗切斯特街公寓，张爱玲最后的居住地，她在这里作别人世。

也会陪着他默默流泪。他们的生活陷入困境，困境中的日子漫长无边，永无尽头。

1965年的圣诞节，他们就在悲伤中度过。那日赖雅一早就发出轻轻的压抑的呻吟，张爱玲也不在意。后来给他换尿布时，发现他屁股上长满了褥疮。她从来没发现这些褥疮，它们好像是在一夜之间长起来的，发出难闻的气味。张爱玲决定给他翻身，她坐在床沿上，面对他那鲸鱼一样庞大的身躯无能为力。气喘吁吁弄了半天，他的身子都没有侧转过来。张爱玲想了想，脱下鞋子站到床上去，想将他拖起来，侧转身子。但是他重如泰山，张爱玲根本拖不动他，一点办法也没有。也就在这时候，菲丝带着捷乐米等三个孩子来了，张爱玲给了她一把钥匙，他们直接开门进来。捷乐米看到张爱玲站在床上拖拉赖雅这一幕，吃惊得用手捂住嘴巴，眼泪一下子夺眶而出。这一次捷乐米的女友安琪儿也来了，可能是室内气氛实在悲伤，这一群孩子都哭起来，互相拥抱，泣不

张爱玲申领的美国长者卡。

成声。

　　这样的生活一过就是两年，两年里张爱玲给许多文艺营和大学发出求助信，迈阿密大学接受了张爱玲的申请。他们招聘一名驻校作家，不要求坐班，但是要求每星期两次到学校报到，半个月和师生进行一次写作上的交流。张爱玲的条件正好符合，他们接受了她的申请。

　　去迈阿密大学前，张爱玲想把赖雅交给菲丝照顾。菲丝现在有三个孩子，还要工作，对于一个职业女性来说，她的担子非常沉重。可是赖雅是她的父亲，张爱玲不交给她这个女儿又能交给谁呢？他们现在的经济状态又到了一贫如洗的地步，失去了香港电影剧本的主要收入，他们很难翻身，张爱玲迫切需要一份工作来养家。她犹豫了好几天，一直到报到时间已到，张爱玲才不得不打电话给菲丝。她知道很难说服菲丝，但是她一定要说。她将见面地点改在小区里的公共绿地，她怕赖雅听到她们的争执。

　　张爱玲到得比她早，坐了好一会儿，菲丝才开车过来。她将车停在附近，然后黑着一张脸过来，她的脸上藏着风暴。这让张爱玲很生气，甚至不想和她谈。但是，理智让她强压心头怒火，然后平静下来。菲丝坐在张爱玲近旁，连眼镜也不摘，看着远处。

　　张爱玲尽量平静下来，平和地说："你是知道的，我没有办法，也不可能带着他。对我们来说，现在一份工作相当重要，他并没有任何积蓄，这个你应该是知道的。"菲丝轻轻摇了摇头："我是知道的，但是我相信你对他的了解比我还要清楚。"张爱玲说："我一向不想麻烦别人，我也是没有办法。更何况，麻烦的不是别人，是他的女儿，女儿。"菲丝冷冷一笑："不错，我是他的女儿，但是我有舞蹈课要教。另外还有三个孩子，三个，你明白吗？"张爱玲的脸马上红透了："可是，你知道，我们需要钱，太需要钱了。我现在搬去的这间公寓，连暖气都没有。就算有我也付不起，我不知道这个冬天怎么过。我现在申请的迈阿密大学驻校作家，这是唯一的挣钱机会。"

张爱玲的这番话似乎打动了她，她可能也感到自己太无情了一点，长长地叹了一口气，然后沉默下来。过了一会儿，她说："我是个职业妇女，又是三个孩子的妈妈，我能做到的只有这些。我没有办法照顾到他，我的情况你可以想象，你是小说家，你们习惯想象。"张爱玲急了："你们的经济条件并不坏，你总会有办法的。"张爱玲这已是赤裸裸地暗示她，实在照顾不过来，还可以花钱请人来照顾他。她明白了张爱玲的心思，故态复萌："你这样做是不是有点过分？为了摆脱自己作为一个太太的责任，将本该由太太来承担的责任推给别人？我再说一遍，我有工作有家庭，我能做到的只有这些。别的，对不起。"她站起来准备走开。张爱玲气坏了，也随着她站起来："可是你不是别人，你是他的亲生女儿。不错，我是他的太太，你算一算看，我和他在一起，享了他几天福？"菲丝说："别说了，张女士，你要这样说我也要说你，当初你决定嫁给他，你是清楚他身体状况的。可是你为什么还是决定嫁给他？这还要我说吗？很明显，你是为了不被遣返，更好地在美国站稳脚跟，更快地取得美国户籍。是你主动要嫁给他，甚至是你勾引了他，这是你们来自亚洲女人的绝招。"

张爱玲气得浑身发抖。很快，她冷静下来，冷笑着看着菲丝的背影。张爱玲这一生，最不相信的就是人，亲生女儿也不能相信，她自己不也是一个"亲生女儿"吗？父亲对她怎样？这样的事她见得还少吗？沾到人就是沾到脏。她决定不再求人，更不想再求菲丝，决定带着赖雅去迈阿密。马上就走，今晚就动身。她相信会有办法，相信天塌不下来。

张爱玲马上回到家中，赖雅知道她去见了菲丝，见她回来，两只眼睛直溜溜地盯着她，眼神里有一个男人的渴盼。他说："菲丝那边怎么样啊？"张爱玲站在他床边平静地说："我们马上就走，现在就收拾东西，打电话叫车，我们今晚就去迈阿密。我带你去，我们一同去。"

张爱玲一生都在搬家。姑姑说过："三搬当一烧。"家里东西所剩无几，都装在几只大纸箱里。因为知道还会再搬家，所以有很多纸板箱根本就没有打开。车子很快来了，工人们帮着她先将赖雅抬出门，然后再将那些纸箱子背上车。一个黄头发的工人对张爱玲说："太太，您的家是我搬过的最简陋的家。"张爱玲对他苦笑了一下，在纸条上写了一行字，是留给菲丝的：

菲丝：

　　我带不走所有的东西，这几箱垃圾来不及处理，麻烦你帮忙丢掉——最后一件事。

张爱玲没有署名，将纸条放在显眼处，上面压着一只刷牙用的水杯。

悲悲悲重归文艺营　　哀哀哀踏上奈何桥

花费九牛二虎之力在迈阿密安顿好自己的家，赖雅像一只搁浅在沙滩上的鲸鱼，庞大的身躯令人望而生畏。张爱玲即便站在床上使尽浑身力气也拖不动他，只能眼睁睁地看着他像一棵苍老的被狂风吹倒的大树，慢慢地衰败，死亡。他现在不怎么吃，有时候迷迷糊糊地睡着，嘴唇微张，如同死去一样。她在卫生间清洗他沾着大便的毛巾，听不到他发出的一点声音，叫他一声，也没有回应。她赶紧来到床边，用手在他嘴边试试，发现有微弱的气流，证明他还活着，她才稍稍放下心，回到卫生间继续清洗。他可以一连许多天不吃不喝，有时候又清醒一下，轻轻啜泣，认为他拖累了张爱玲。他哭泣的时候她也会心酸，也会流泪。但是她不再安慰他，不再给予温暖。她心力交瘁，有时候甚至巴不得他早一点离开。这样他不必受罪，她也不必受罪。

来迈阿密转眼就是半年，她几乎没有参加过校方的任何活动。校方会通知张爱玲，但是她不去。仅仅是照顾赖雅就把她折磨得生不如死，对于任何社会活动她丝毫提不起兴趣。张爱玲不拿他们的薪水，连免费午餐也只吃过有限的三四次。除了写作，她对校方没有任何义务。

这时候有些议论慢慢传到她的耳中，快放秋假的时候，她每星期都会去学校给她准备的办公室。她有意错开作息表，一般是等到别人下班时才去。走在长长的昏暗的空无一人的楼道中，她有一种安全感。当然，也是到这个时候她才有空，通常这个时候是赖雅昏睡的时刻。这日张爱玲正弯腰开门，光线太暗，钥匙总对不准锁孔。哈维荷斯脱教授突然出现了，吓了张爱玲一跳。张爱玲向他点头问好，他跟着她进了办公室，微笑着说："张女士一向很忙的，我看了你向学校递交的报告，这半年写了很多作品。"张爱玲说："平时照顾先生和忙着做一日三餐，占据了大部分时间。真正用于写作的时间其实很少。"哈维荷斯脱说："有时间张女士还是应该多参加校方活动，学校董事们因为张女士不肯露面，都有看法。"张爱玲点点头，表明自己知道。但是张爱玲不打算沟通，也不打算改变，她一心想离开这里，已向多个文艺团体发出求职申请。

半个月后，洛克菲勒基金会接受了她的申请，资助张爱玲翻译中国晚清长篇小说《海上花列传》，他们提供食宿和生活补贴。收到信后她长长地出了一口气，终于可以离开迈阿密大学了。人家对你已经很不悦，你却要赖在此地不走，这种滋味实在令人难受。但是她有她的苦衷，不支付薪水，还要她每星期准备好论题与师生交流，这实在令人难以接受。不说张爱玲一向不爱抛头露面，即便张爱玲是一个口齿伶俐的人，要每周准备一次文学话题，这也是一件相当吃力的事，她的空闲时间要全部花在这上面，这是她绝对不可以接受的。还是洛克菲勒基金会这项工作适合她，他们完全不干涉她的工作，提供食宿和生活补贴。《海上花列传》又是她极其熟悉和喜欢的，她恨不得马上就赶到基金会。这时候中间插进来一件事，美国另一所大学印第安纳大学福伦兹教授将办一场东西文学研究会，希望邀请一位资深的中国作家参加，有人向他推荐了张爱玲。想到与迈阿密大学弄僵了的关系，长期这样脱离社会毕竟不好，张爱玲破例参加了这个研讨会，请了一个小时工来照顾赖雅，她只身前往印第安纳大学。

　　下车的时候，一位操山东口音的中国男子来接她，他一眼就在人流里发现了她，挤过人群上前说："张爱玲老师，您好，福伦兹教授派我来接您。我叫庄信正，是印第安纳大学比较文学博士，对张老师的作品相当熟悉。"张爱玲向他点头微笑，他看上去三十出头，有一种中国人的朴实，令人信赖。她坐着他的车前往印第安纳大学，一路上他谈起《红玫瑰与白玫瑰》《倾城之恋》《沉香屑　第一炉香》，如数家珍，许多情节他竟然能背诵，令人惊讶。但是他并不卖弄，平静低调地和张爱玲谈着她的小说。

　　汽车驶进了校园，庄信正停了一会儿，回到汽车时张爱玲才发现原来他去他的住处拿来一摞书报杂志，上面有他发表的研究张爱玲作品的论文。他说："这是我的一己之见，可能不对您的心思，但是我想，您会允许我这样解读的，也许是误读。"张爱玲翻看着杂志，心里对他只有感动。只有在这一刻，她觉得她的写作才有意义。

　　福伦兹教授主办的东西文学研究会只开了两天，张爱玲也没有发言，只是静静地听着各位教授的讲演。主讲的福伦兹教授在发言中提到了张爱玲，还将张爱玲介绍给与会者，张爱玲像只大猩猩一样站起来向众人点头致意。结束后庄信正送她上车，把他的通信地址给了她，让她有事和他联系。

回到迈阿密当晚，张爱玲烧了一桶热水，费尽了力气给鲸鱼似的赖雅擦了身子。洗完后差不多快半夜了，她浑身大汗淋漓，差点累得虚脱。但她还是咬着牙将他的衣服洗完，烘干。这时候天快亮了，约好的搬家工人也来了，这是张爱玲定好的时间。她没有向任何人告别，像悄悄地来到迈阿密一样，张爱玲拖着赖雅这条大鲸鱼，又悄悄地离开迈阿密。

夏天来临的时候，赖雅病情加重，开始不再进食，只喝一点水。他瘦了，瘦得不成人样。他那鲸鱼般的身躯最后只剩下一把骨头，张爱玲轻易就能将他的身子翻过来。但这时候他已经不能翻身，稍微一动浑身就疼痛难忍，身上多处褥疮已经溃烂，肋骨根根可数。甚至棉垫子稍微厚一点，也会将他的身体碰痛。他已经无法坐立起来，必须放很多的棉胎衬在他的身后，才能稍稍坐一会儿。但是一碗水还没喂完，他就滑下去，脑袋挤压在棉胎一旁，两条腿曲在那里，他自己无法纠正。张爱玲替他感到痛苦，他也不再看她，也不再叫她"女孩"。他的意识开始模糊，成天闭着眼睛，昏昏欲睡。

那日赖雅的表弟哈勃许塔脱过来探望他，他们还在圣彼得堡时他就来过。他轻轻地问张爱玲："一直就是这样昏迷？"张爱玲摇摇头："有时候还是比较清醒的，特别是在早晨的时候。"哈勃许塔脱拿起赖雅的手，那手已肿胀得发亮，包括胳膊和脚也都开始水肿，这是从前没有过的。哈勃许塔脱说："已经开始水肿了，你要多加注意。"张爱玲说："虽然回天无术，但是，我还是想送他去医院，他这样太痛苦了。"

赖雅就在这时候醒来，他是听到哈勃许塔脱的声音才醒过来的。他微微睁开眼睛看着哈勃许塔脱。哈勃许塔脱伏上前大声说："还认识我吗？"赖雅的眼睛里滚出两颗浑浊的老泪，他突然抽泣起来，将脸扭向墙壁，用几乎听不见的声音说："你走，你走开，走开，我不想再看到你。"他竭力想抽回自己的手，可是他连这点力气也没有。哈勃许塔脱转脸对张爱玲说："我理解他，他到现在还是很要面子。他一向是给人带来欢乐的，现在他这个样子，只能给别人带来痛苦。所以他很难受，他不希望人们来看望他，他不想见任何人。"张爱玲认为哈勃许塔脱说得对，毕竟他们从小在一起待过，他了解赖雅，知道赖雅的心思。

哈勃许塔脱又坐了一会儿，他起身走了。临走时他对张爱玲说："到时候请打电话给我。"张爱玲摇摇头，在他临出门的那一刻，张爱玲忽然说："你现在能帮我将他送去医院吗？我想，属于他的时间已经不多了。"哈勃许塔脱站在门前说："可以，但是他现在这样子，我们是没有办法送他去医院的，打电话给医院，让他们派救护车来。"张爱玲点点头。

赖雅在医院躺了六天，他一直就是那个样子，不能吃，昏昏欲睡。前几日还能喝几勺水，最后连水也喝不下，就是迷迷糊糊地睡着。哈勃许塔脱来陪了两个晚上，换张爱玲休息一下。张爱玲回家睡了一觉过来时，赖雅还是那个样子。张爱玲俯身看了看他，他发出均匀的呼吸。摸摸他的手，似乎在低烧，这几天一直是这样。哈勃许塔脱准备离开，张爱玲对他说："你不用来了，他可能还有几天。"他眼睛看着窗外，然后说："看看吧。"他关上玻璃门离去，张爱玲搬了一把椅子坐到赖雅床前，不知什么时候他又迷迷糊糊睡过去，她也迷迷糊糊睡去。这些天，这些年，她实在太累了。

不知道护士是什么时候进来的，等张爱玲睁开眼睛，护士长和好几个护士都进来，七手八脚地将赖雅的病床推起来，赶往急救室。病房里一片慌乱，张爱玲不知道怎么办，也插不上手。刚进急救室不久，护士长就出来，摘下口罩问："赖雅太太，这里就你一个人？"张爱玲看着她点点头，护士长说："我想，赖雅先生应该走了。"张爱玲紧张地朝急救室张望，看见护士们正在收拾东西，往赖雅的身体上覆盖白色被单。张爱玲就站在门外走廊上看着他们忙碌,也没有想起来去看他一眼。那时候她相当冷静,只是眼睛有点干涩。一个护士走过来看了张爱玲一眼:"你没事吧,赖雅太太?"张爱玲说:"我没事。"

护士们将赖雅一直推出来,推进电梯。张爱玲跟在他们后面,他们将他推进太平间,然后关上门,交代张爱玲回家办一些必须要办的手续。张爱玲将病房里的东西收拾了一下,然后到医院门口等计程车。她的身边放着一个纸箱子,那里面装着在医院用的杂物。她手里挽着一件赖雅经常穿的灯心绒衬衫,那领口已经磨破,上面沾满他的烟味。张爱玲低下头,深深地嗅着那淡淡的气味。这气味触到她内心的最深处。他走了,张爱玲这样想着,把脸埋进衣服里。虽然卸下了这不堪负荷的重担,可是,她在这世界再也没有一个可以依靠或倾诉的亲人。尽管她一生都在准备着、等待着这一刻的到来,但是,当这一刻来临的时候,她还是想痛哭一场。她想起自己的小说《半生缘》,那个走完了大半生、孤单地流落在异乡的女人,她最后所说的一句痛彻心扉的话:"世钧,我们回不去了。"

是的,我们回不去了。